Fatiha Mamache

Logique Temporelle

Fatiha Mamache

Logique Temporelle

Représentation des relations temporelles et causales entre événements et actions

Presses Académiques Francophones

Mentions légales / Imprint (applicable pour l'Allemagne seulement / only for Germany)
Information bibliographique publiée par la Deutsche Nationalbibliothek: La Deutsche Nationalbibliothek inscrit cette publication à la Deutsche Nationalbibliografie; des données bibliographiques détaillées sont disponibles sur internet à l'adresse http://dnb.d-nb.de.
Toutes marques et noms de produits mentionnés dans ce livre demeurent sous la protection des marques, des marques déposées et des brevets, et sont des marques ou des marques déposées de leurs détenteurs respectifs. L'utilisation des marques, noms de produits, noms communs, noms commerciaux, descriptions de produits, etc, même sans qu'ils soient mentionnés de façon particulière dans ce livre ne signifie en aucune façon que ces noms peuvent être utilisés sans restriction à l'égard de la législation pour la protection des marques et des marques déposées et pourraient donc être utilisés par quiconque.

Photo de la couverture: www.ingimage.com

Editeur: Presses Académiques Francophones est une marque déposée de
Südwestdeutscher Verlag für Hochschulschriften GmbH & Co. KG
Heinrich-Böcking-Str. 6-8, 66121 Sarrebruck, Allemagne
Téléphone +49 681 37 20 271-1, Fax +49 681 37 20 271-0
Email: info@presses-academiques.com

Produit en Allemagne:
Schaltungsdienst Lange o.H.G., Berlin
Books on Demand GmbH, Norderstedt
Reha GmbH, Saarbrücken
Amazon Distribution GmbH, Leipzig
ISBN: 978-3-8381-8995-6

Imprint (only for USA, GB)
Bibliographic information published by the Deutsche Nationalbibliothek: The Deutsche Nationalbibliothek lists this publication in the Deutsche Nationalbibliografie; detailed bibliographic data are available in the Internet at http://dnb.d-nb.de.
Any brand names and product names mentioned in this book are subject to trademark, brand or patent protection and are trademarks or registered trademarks of their respective holders. The use of brand names, product names, common names, trade names, product descriptions etc. even without a particular marking in this works is in no way to be construed to mean that such names may be regarded as unrestricted in respect of trademark and brand protection legislation and could thus be used by anyone.

Cover image: www.ingimage.com

Publisher: Presses Académiques Francophones is an imprint of the publishing house
Südwestdeutscher Verlag für Hochschulschriften GmbH & Co. KG
Heinrich-Böcking-Str. 6-8, 66121 Saarbrücken, Germany
Phone +49 681 37 20 271-1, Fax +49 681 37 20 271-0
Email: info@presses-academiques.com

Printed in the U.S.A.
Printed in the U.K. by (see last page)
ISBN: 978-3-8381-8995-6

Ref : 05/2010-E / inf

République Algérienne Démocratique et Populaire
Ministère de l'Enseignement Supérieur et de la Recherche Scientifique

l'Université des Sciences et de la Technologie
''Houari Boumedienne''

جامعة هواري بومدين
للعلوم والتكنولوجيا
U S T H B

Faculté d'Electronique & Informatique
Département Informatique
Laboratoire de Recherche en Intelligence Artificielle

THÈSE

Présentée

pour l'obtention

du grade de: DOCTEUR d'ETAT en INFORMATIQUE

par

Mme Fatiha MAMACHE

Représentation des relations temporelles et causales entre événements et actions

Soutenue publiquement le : 23/ 12 / 2010 devant le jury composé de :

:

Mr. Ahmed Nacer	**Prof**	**USTHB**	**Président,**
Mme. Aïcha Mokhtari-Aissanni	**Prof**	**USTHB**	**Directrice de thèse,**
Mme. Nacéra Bensaou	**MC**	**USTHB**	**Examinatrice,**
Mr. Yacine Djouadi	**MC**	**UMMTO**	**Examinateur,**
Mme. Schahrazad Selmane	**MC**	**USTHB**	**Examinatrice,**
Mr. Nacereddine Zarour	**Prof**	**UMC**	**Examinateur.**

i

Dédicaces

A ma mère qui m'a tant donné et qui m'a toujours encouragé.

A la mémoire de mon père.

A mes frères, soeurs, nièces et neveux.

A tous ceux qui me sont chers.

A tous ceux qui ont participé de près ou de loin à la réalisation de ce travail.

Remerciements

Je tiens à remercier :

Mr Ahmed Nacer, Professeur à l'USTHB, qui a accepté de présider le jury et d'examiner mon travail.

Mes plus sincères remerciements vont à Mme Aicha Aissani-Mokhtari, Professeur à l'USTHB, ma directrice de thèse, pour son encadrement, ses conseils et sa confiance. Je te remercie également pour ton soutien et ta patience.

Je voudrais également remercier Madame Nacéra Bensaou, Maître de Conférences à l'USTHB, pour son soutien. J'ai beaucoup apprécié tes encouragements et tes conseils. J'ai trouvé en toi une vraie amie et je t'en remercie.

Je tiens à remercier mon amie et collègue Mme Schahrazad Selmane, Maitre de conférence à l'USTHB, d'avoir accepté de participer au jury.

Je remercie également Mr Yacine Djouadi, Maitre de conférence à l'université Mouloud Mammeri de Tizi-Ouzou et Nacereddine Zarour, Professeur à l'université Mentouri de Constantine, pour avoir accepté de juger mon travail et participé au jury.

Je remercie ma mère, ma famille et tous ceux qui m'ont soutenu et encouragé.

Résumé

La présente thèse se situe dans le domaine de la représentation des connaissances. Nous avons choisi le cas d'étude suivant : Représentation des relations causales et temporelles entre actions et événements. Notre travail est consacré à l'étude systématique des théories d'action en utilisant un formalisme logique basé sur un langage du premier ordre augmenté d'opérateurs et dont l'objectif principal est de faciliter la représentation des relations causales et temporelles entre les actions et leurs effets ainsi que les relations causales et temporelles entre actions et événements. L'originalité de ce travail réside dans la proposition d'un formalisme basé sur les classes d'équivalences. Nous avons utilisé les classes d'équivalence pour représenter l'ensemble des actions qui se produisent en même temps ou encore processus ainsi que les actions compétitives. Nous avons défini des opérateurs qui nous permettent d'énumérer les événements qui se réaliseront dans le futur et dont un événement e est la cause ainsi que événements qui se sont produits dans le passé et qui ont donné lieu à un certain événement. Nous avons également défini un opérateur qui nous permet de représenter les évolutions de l'univers pour des futurs et passés variés. Ces opérateurs nous permettent de représenter les types de raisonnement qui sont la prédiction, l'explication et la planification. Nous avons également proposé une extension de la logique de description standard $\mathcal{AL}$. Dans le cadre de l'intégration des logiques de description dans le formalisme d'action, nous envisageons comme perspective d'intégrer l'extension que nous avons proposée dans notre formalisme temporel. Bien que notre travail ait principalement une motivation théorique, on peut espérer que cette étude servira de base sur laquelle des formalismes d'action peuvent être établis, comme de nombreuses perspectives sont possibles pour étendre ce travail.

Abstract

The theme of this thesis finds place within the overall field of the knowledge representation. Our choice of case study focuses on : representation of the causal and temporal relationships between actions and events.

This work is devoted to the systematic study of the actions' theories by the use of a logical formalism based on a first order language extended by operators which main objective is to facilitate the representation of the causal and temporal relationships between actions and their effects as well as the causal and temporal relations between actions and events

The originality of this work lies in the suggestion of a formalism based on the equivalence classes. We use the classes of equivalence to represent all the actions which occur at the same time or still process as well as the competitive actions. We have defined operators which allow to enumerate events that will come true in the future and an event of which e is the cause as well as the events which occurred in the past and which gave rise to an event. We have also defined an operator which allows representing the evolution of the universe for future and varied past. These operators permit to represent the types of reasoning which are the prediction, the explanation and the planning.

We have also suggested an extension of the standard logic of description AL. Within the frame of the integration of description logics in the formalism of actions, we hold in perspective to integrate the extension that we have suggested in our temporal formalism. Despite the theoretical orientation of this work, we can still hope that it will provide the basis on which Formalisms of action could be established, similarly, the perspective to extend this work is multiple

Table des matières

Table des figures

Chapitre 1

Introduction

1.1 Langage naturel et langage formel

L'origine et l'histoire des langues ont toujours suscité l'intérêt des penseurs. Bien que les langues existantes diffèrent les unes des autres par l'étendue et les thèmes de leur lexique, toutes les langues naturelles possèdent une grammaire et une syntaxe permettant l'invention, la traduction, voire l'emprunt à d'autres langues du vocabulaire nécessaire à l'expression des pensées et des réflexions de leurs locuteurs. Ce type de langage est appelé langage naturel. Le langage formel est un mode d'expression plus formalisé et plus précis que le langage naturel. Dans une discipline scientifique, le langage formel est un langage obéissant à une syntaxe formelle stricte, servant à formuler des énoncés de manière précise, si possible concise et sans ambiguïté ; ce qui l'oppose au langage naturel. C'est un outil d'exploration puissant, et c'est le seul langage qui permet aux machines de " faire des mathématiques ". Les mathématiques existent depuis l'Antiquité mais la manière de les exprimer a énormément évolué. Il a fallu utiliser des langues qui n'ont pas été construites pour les mathématiques, qui peu à peu se sont enrichies en un langage spécifique qui s'est enrichi au cours des siècles et continu encore d'évoluer. Parallèlement à ce phénomène, s'est progressivement formé le langage formel qui est devenu celui que nous connaissons, le langage naturel ne s'étant montré ni assez précis ni assez concis. Leibniz fut l'un des premiers à penser construire un langage formel d'un calcul logique universel, sous le nom de caractéristique universelle, capable d'exprimer des concepts mathématiques, scientifiques ou métaphysiques et qui pourrait réduire les obscurités et équivocités (expression à double sens, susceptible d'une double interprétation) du langage naturel.

Au début du XXe siècle, le mathématicien D. Hilbert, pensait pouvoir unifier les mathématiques grâce à une axiomatisation générale et à l'usage d'un langage formel commun. Le célèbre théorème d'incomplétude de K. Godël (dans un système formel, il existe au moins une proposition indécidable) a mis en doute cette vision des mathématiques.

Dans la seconde moitié du XXe siècle, l'avènement des ordinateurs et de l'informatique a donné une place particulière aux langages formels en tant qu'outils et en tant qu'objets d'étude, ce qui était relativement nouveau. Actuellement, les traités des mathématiques utilisent à la fois le langage formel et le langage naturel. Le langage formel est réservé aux passages techniques et aux énoncés suffisamment simples pour ne pas nécessiter d'amples explications, et les résultats importants sont souvent explicités à la fois en langages formel et naturel. Les langages formels sont aussi l'objet d'étude d'une branche à part entière de la logique et de l'informatique théorique. Il n'est pas facile de cerner précisément ce que l'on entend par informatique théorique. Le terme renvoie plutôt à une façon d'aborder les questions informatiques sous un angle plus mathématique et formel, en faisant souvent abstraction des aspects plus pratiques de l'informatique. En ce sens, l'informatique théorique est parfois considérée comme une branche des mathématiques discrètes. Ses objectifs se caractérisent généralement par une volonté d'identifier'en principe' les possibilités et les limites des ordinateurs.

En mathématique, logique et informatique, un langage formel est formé :

– d'un ensemble de mots obéissant à des règles logiques strictes : syntaxe et,

– d'une sémantique.

Le langage formel a pour avantage de faciliter la manipulation et la transformation des énoncés. Certaines règles de transformation sont appliquées sans même connaître la signification de l'énoncé transformé ou la signification de la transformation. Ne pas connaître le sens de l'énoncé empêche de savoir quelles sont les transformations pertinentes et nuit à l'intuition du raisonnement. Ainsi, il est bon de savoir lire rapidement un énoncé en langage formel et de le traduire tout aussi rapidement en un ou plusieurs énoncés du langage naturel, plus significatif. Le langage naturel est un moyen irremplaçable pour communiquer et pour représenter des connaissances. Les expressions d'un langage doivent êtres compréhensibles, en d'autres termes, il doit être facile d'associer une expression à une connaissance et inversement un fait ou une connaissance à une expression. Les expressions d'un langage devraient faire ressortir explicitement les aspects importants des connaissances tout en masquant les aspects superflus ou détails. Toutes les connaissances qui nous intéressent dans un domaine donné doivent pouvoir s'exprimer par le langage à l'aide d'expressions du système de représentation. Autrement dit, le système doit être complet relativement au domaine visé. L'absence de complétude peut nous forcer à adopter des systèmes de représentation de plus en plus complexes ou encore à utiliser plus d'un système. A cet égard, la complétude d'un langage naturel est beaucoup plus exigeante que la notation algébrique élémentaire qui ne cherche qu'à exprimer les équations ou inequations polynômiales. Représenter symboliquement un certain nombre de connaissances, c'est définir un ensemble d'expressions et faire correspondre à chaque connaissance une ou plusieurs expressions, ainsi qu'à chaque expression une ou plusieurs connaissances. L'élaboration d'un système de représentation comporte :

- La définition d'un lexique, soit l'ensemble des symboles de base qui seront utilisés dans la représentation

- La définition d'une grammaire décrivant l'ensemble des expressions acceptables, obtenues en combinant les symboles de base du lexique.

- La définition d'une sémantique, soit une méthode pour donner un sens aux expressions de la grammaire.

La façon de traduire une connaissance à l'aide des expressions du langage formel est appelée représentation. La difficulté de la représentation dépend souvent de la complexité des expressions.

1.2 Représentation de la connaissance

La représentation de la connaissance est l'étude de la façon dont les connaissances sur le monde peuvent être représentées et quel type de raisonnement peut être fait avec ces connaissances. Formellement, une représentation de la connaissance est un système définissant une série de symboles et une série d'opérations sur ces symboles. Un formalisme de représentation des connaissances a pour but de permettre la modélisation d'un domaine particulier. Il existe divers langages et, au sein d'un même langage, divers modèles peuvent représenter un même domaine. Une liste de symboles ne suffit pas car il est impossible d'envisager une représentation sans considérer une modélisation du raisonnement qu'elle supporte. Les symboles ont un contenu sémantique mais les opérations qu'on leur associe ne sont déterminées que par leur syntaxe.

Dans le cadre de l'Intelligence Artificielle (IA), le développement des études sur la représentation de la connaissance a nécessité la recherche de nouveaux modes d'expressions formels. L'IA concerne toute discipline dont le but est de modéliser les connaissances et/ou les croyances et les processus de réflexion des humains, en vue d'une simulation informatique. Elle se situe au carrefour de trois disciplines de recherche :

- l'étude et le développement de langages formels (mathématiques) pour modéliser le mode d'expression des humains,
- l'automatisation (informatique) est son objectif,
- les propositions sur les lois générales de l'acquisition, la représentation et l'exploitation de la connaissance (psychologie cognitive) sont autant de voies de recherches à étudier, par l'élaboration de structures formelles adéquates.

La construction de systèmes à base de connaissances (SBC) effectuant des tâches ou résolvant des problèmes dans des domaines spécialisés est un des projets de l'IA. Elle doit donc déterminer les connaissances nécessaires pour traiter ces problèmes ou tâches et définir comment les rendre exploitables 'informatiquement', ou encore comment les 'opérationnaliser'. La difficulté rencontrée pour réaliser ce projet et qui mobilise l'essentiel de l'effort méthodologique, est que la plupart des connaissances dont on dispose sont expri-

14

mées en langue naturelle. Le problème à affronter dans la conception de ces systèmes est de définir la nature de ces connaissances pour déterminer la manière de les opérationnaliser. Dans ce cadre, l'*IA* trouve dans le formalisme une conception philosophique de la connaissance et une théorie scientifique des systèmes informatiques qui lui permettent de formuler un programme méthodologique de recherche pour la conception des *SBC*.

Deux façons différentes de représenter la connaissance se sont développées et cela vers la fin des années 70.

La première méthode est la forme sémantique : pour des chercheurs issus de la psychologie et de la linguistique, les connaissances se présentent plutôt comme une collection d'entités hiérarchisées dont les propriétés sont définies à l'aide d'un ensemble d'attributs. Il s'agit donc de proposer des représentations structurées de la connaissance.

La méthode à laquelle nous nous intéressons utilise la logique [Kleene, 71], un langage artificiel parfaitement défini, reliant des formules à ce qu'elles décrivent et qui permet souvent de mécaniser des procédures de démonstration. Cette approche s'est surtout intéressée aux propriétés mathématiques des formalismes. Le langage logique le plus basique est la logique propositionnelle. Il est défini par un alphabet, des règles de construction de phrases et un calcul de valeurs de vérité pour ces phrases. Le formalisme logique a été l'un des premiers formalismes proposés pour représenter la connaissance, et constitue toujours la base de nombreuses recherches en *IA* [Thayse et al, 90]. La logique dite classique ne reconnaît comme modalités que le *vrai* et le *faux* ; il existe aujourd'hui d'autres logiques [Kleene, 71]. La logique floue introduit des degrés dans la valeur de vérité d'une formule, les logiques modales introduisent des modalités telles que la possibilité ou la nécessité, mais aussi des modalités temporelles telles que le passé ou le futur. Enfin, certaines formules peuvent être considérées comme prouvables dans un ensemble d'axiomes A, mais non prouvables dans un ensemble A' contenant A, c'est la non-monotonie. Les logiques non-monotones sont nées à partir des années 70. Une des motivations pour l'utilisation du raisonnement non monotone concerne sa similarité avec le raisonnement humain : par

manque d'information ou manque de temps, une personne peut raisonner avec des connaissances partielles et réviser les conclusions au besoin lorsqu'elle a plus d'informations.

1.3 Logiques de description

Les recherches dans le domaine de la représentation de la connaissance et du raisonnement se concentrent toujours sur les méthodes qui donnent une bonne
description dans le domaine où elles peuvent être utilisées pour construire des applications intelligentes. Les systèmes de logiques de description fournissent à leurs utilisateurs
des possibilités d'inférences variées qui déduisent la connaissance implicite de la connaissance représentée explicitement. Les logiques de description (DLs) sont une famille de
langages de la représentation de la connaissance qui peut être utilisée pour représenter la
connaissance d'un domaine d'application par un moyen clair, formel et structuré [Napoli,
97]. Ce sont des formalismes logiques de représentation qui se distinguent des autres formalismes par leur sémantique formelle basée sur la logique [Brachman et Schmolze, 85].
Les logiques de description décrivent les concepts d'un domaine en utilisant des concepts
atomiques, correspondant à des prédicats unaires, et des rôles atomiques, correspondant
à des prédicats binaires. Les rôles décrivant les relations entre les objets / concepts du domaine. Ils sont spécifiés à l'aide de constructeurs fournis par le langage formel des logiques
de description [Napoli, 97], [Nardi et al, 2002]. Les DLs se sont développées pour devenir
une clé importante dans l'histoire de la représentation de la connaissance. Les DLs sont
responsables de plusieurs notions de base dans la représentation de la connaissance et
du raisonnement. L'aspect le plus important du travail sur les DLs a certainement été
l'union entre la théorie et la pratique. Les logiques de descriptions ne sont pas seulement
un formalisme théorique réservé aux théoriciens de la représentation de la connaissance,
la recherche autour des logiques de descriptions est très active et a des visées à la fois
pratiques et théoriques. Ainsi, la construction de systèmes traitants des problèmes réels

est au centre des préoccupations de nombreux travaux de recherches. Les logiques de descriptions ne sont pas des formalismes figés et sont suffisamment souples pour accepter l'introduction de nouveaux constructeurs, capable de répondre à des besoins particuliers. Peut-on trouver un formalisme d'action qui offre plus d'expressivité que la logique propositionnelle pour décrire les états du monde, les pré et post-conditions des actions, et pour lequel le raisonnement est décidable ?

En IA, la notion d'action joue un rôle important dans la planification et le raisonnement sur les actions. Dans les deux domaines, l'action désigne une entité dont l'exécution cause des changements du monde. L'action affecte seulement une partie du monde, tout ce qui n'est pas affecté par l'action ne change pas.

Les formalismes d'action tels que le calcul de situation (SitCalc) utilisent la logique du premier ordre (FOL) pour décrire les états du monde ainsi que les pré et post-conditions des actions. Le raisonnement dans de tels formalismes est non décidable et la puissance expressive est plutôt limitée. Les logiques de description sont une famille bien connue des formalismes de représentation de la connaissance qui peut être considérée comme une partie de la logique de premier ordre. Elles offrent une puissance expressive considérable bien plus que la logique propositionnelle et le raisonnement dans ces logiques est décidable. Des formalismes d'action basés sur les *Dls* ont été proposé [Baader, 05]dans lesquels les états du monde, les pré et post-conditions peuvent être décrits en utilisant des Dl-concepts. Ces formalismes peuvent être considérés comme une instance du calcul des situations (SitCalc). L'avantage d'une telle combinaison est que, d'une part, la puissance expressive pour décrire les états du monde et les pré et post-conditions est plus grande que dans d'autres parties décidables du SitCalc, qui sont généralement propositionnelles. Ces formalismes peuvent être considérés comme une partie du calcul de situation et hérite ainsi de la solution du Frame problème.

1.4 Causalité et Raisonnement Causal

Le concept de la connaissance est fortement lié à l'action. Le raisonnement sur les actions est un domaine de recherche central en intelligence artificielle, lié à l'étude du sens commun, le raisonnement non monotone, la représentation de la connaissance, la planification et à la preuve des théorèmes. Le raisonnement sur les actions est une problématique présente en Intelligence Artificielle dès les années 60. La première difficulté liée à l'élaboration d'un formalisme logique pour raisonner sur les actions est de présenter une solution au le problème du décor (Frame Problem) [McCarty, Hayes, 69]. L'intégration de la minimisation dans un formalisme logique a fait avancer la recherche et le développement des logiques non-monotones, et est acceptée comme solution au problème du décor [Lifschitz, 87],[Haugh, 87]. Ce principe induit des difficultés lorsqu'on veut représenter les effets indirects des actions, un autre problème bien connu dans la communauté du raisonnement sur les actions : le problème de ramification. Dans ce problème, on s'intéresse aux conséquences indirectes d'une action : comment représenter les effets implicites d'une action ou comment contrôler les effets secondaires d'une action. Le problème de ramification peut être défini comme l'impossibilité de décrire toutes les conséquences d'une action. La manière classique de le traiter consiste à décrire dans les lois d'action une partie seulement de ses effets, et d'inférer les autres effets par l'utilisation des lois du domaine. Les lois du domaine sont des informations qui sont toujours vraies dans n'importe quel état ou situation, ce sont des informations qui ne dépendent pas des occurrences d'action. Par exemple, elles traduisent le fait qu'une personne ne peut pas être à la fois vivante et morte, ou le fait qu'une personne morte ne peut pas marcher. La représentation par des contraintes d'état sous forme de formules de la logique classique mène à des difficultés induites par la minimisation du changement. Cette représentation est trop pauvre, et une notion de causalité, au-delà de la logique classique est nécessaire.

La notion de cause est couramment utilisée dans la vie courante, nous attribuons fréquemment aux personnes et aux objets un pouvoir causal par rapport aux événements. La conception de la causalité adoptée par l'IA est du point de vue formalisation du raisonnement causal. Elle s'intéresse particulièrement à une conception agentive de la causalité, intimement liée à la notion d'action dont la modélisation doit capter entre autres deux aspects fondamentaux :

- l'aspect temporel au niveau représentatif (la cause doit précéder l'effet) et,
- l'aspect non monotone au niveau fonctionnel des relations causales (un effet doit avoir une cause).

Pour raisonner sur les situations du monde réel et prendre des décisions, les êtres humains utilisent leurs connaissances sur les relations de types cause/effet. Dans ce cas de figure, il s'agit de déterminer, choisir et éventuellement effectuer des actions pour aboutir à des effets souhaités, éviter des effets indésirables, prévenir des changements jugés nuisibles, favoriser des évolutions souhaitées, ou remédier à une situation dommageable. La plupart des travaux sur la causalité introduisent des théories d'action comme les prédicats $Ecause$ et $Pcause$ de McDermott [McDermott, 82, 85]et l'opérateur do de Pearl [Pearl 2000]. Parmi les travaux développés sur le concept d'actions, le calcul des situations a le plus marqué la recherche en IA, en particulier le $FrameProblem$ qui consiste à représenter les changements dû aux effets de l'action sans représenter explicitement tout ce qui n'est pas affecté par le changement.Le calcul situationnel [Levesque et al, 98] présentait de sérieuses limitations dus principalement à l'inadéquation du traitement du temps et l'incapacité de représenter :

- la durée (une action prend généralement du temps),
- les effets qui ne surviennent pas immédiatement, et
- les effets d'actions concurrentes.

La représentation des informations temporelles est importante dans le raisonnement causal. La relation de cause à effet est liée à la notion du temps. Dans la plus simple des modélisation du raisonnement causal, un effet suit toujours temporellement sa cause. Le temps ne peut être négligé dans la représentation de la causalité, la question est de trouver une forme qui convient particulièrement à cette représentation. Parmi les résultats qui se rattachent à la représentation du temps dans le raisonnement causal, nous citons dans

19

cette thèse, les travaux de D.Kayser et A.Mokhtari [Kayser, Mokhtari, 98]qui s'inspirant des travaux de McDermott, présentent un cadre temporel pour traiter la causalité. Ils utilisent les concepts d'état, de date et de chronique d'une façon similaire à McDermott. En plus de l'ouverture du temps pour le futur, ils considèrent une ouverture pour le passé, donc une possibilité de plusieurs passés. Ils lient la notion d'action, qui est basée sur le 'libre arbitre', aux normes (quels sont les effets normaux d'une action après son exécution?) Ils proposent une extension du langage propositionnel à l'aide de deux opérateurs auxquels ils donnent une sémantique. Ces opérateurs sont utilisés dans la définition d'une théorie causale qui peut être utilisée à son tour dans la prédiction ainsi que l'explication.

1.5 Formalismes de raisonnement temporel

Quand on pense aux différents domaines de l'IA, on ressent le besoin du raisonnement sur le temps. L'exemple du diagnostic médical : le début de l'apparition de la maladie, l'ordre dans lequel les symptômes de la maladie ont apparu et leur évolution (explication) peut être critique pour déterminer la cause et le traitement approprié (prédiction).

Le raisonnement temporel consiste à formaliser la notion du temps et fournir des moyens pour représenter et raisonner sur les aspects temporels de la connaissance. Pour décrire les propriétés du bon fonctionnement des applications, les logiques temporelles sont des formalismes bien adaptées, notamment par leur capacité à exprimer l'ordonnancement des actions/événements dans le temps. En dépit du rôle fondamental que joue le temps dans la représentation de la connaissance, ce n'est qu'en 1980 que des travaux ont visé à fournir des théories générales du temps et de l'action comme la logique temporelle de $McDermot$ [McDermott, 82, 85], la théorie de l'action et du temps d'$Allen$ [Allen, 83, 84]. Les états du monde subissent des changements dus à des actions ou événements exécutés en un certain temps. Un événement est toujours le résultat d'une ou plusieurs actions. Les notions de changements et du temps sont étroitement liées. Il existe une relation entre les événements, les actions nécessaires pour la réalisation de ces événements et le temps d'exécution de ces actions. Peut-on trouver un formalisme pour représenter ces relations?

1.6 Raisonnement temporel et causal sur événements/actions

Les états du monde, qu'on peut exprimer comme propositions, subissent des changements dus à certains modèles appropriés qui se nomment dans la littérature actions/événement. Le monde reste dans un même état jusqu'à ce qu'une action ou événement exécuté en un certain temps le change en un autre état qui peut être le même état (faire une action pour maintenir un état). Un événement est toujours le résultat d'une ou plusieurs actions. Les concepts du changement et du temps sont profondément connexes puisque les changements sont provoqués par des événements et certains événements peuvent être exprimés comme actions. Les notions de changements et du temps sont étroitement liées. Il existe une relation entre les événements, les actions nécessaires pour la réalisation de ces événements et le temps d'exécution de ces actions. Une action peut être instantanée comme elle peut être effectuée pendant un certain intervalle de temps. Par conséquent, les points de temps et les intervalles sont nécessaires pour exprimer le temps d'exécution d'une action. L'objectif est de réfléchir sur les actions afin d'anticiper, de planifier et réparer, en conséquence, exécuter des actions pour prévenir certaines évolutions jugées nuisibles et pour favoriser certaines évolutions souhaitées.

Le formalisme logique a été l'un des premiers formalismes proposés pour représenter la connaissance, et constitue toujours la base de nombreuses recherches en IA. Toutes les connaissances qui nous intéressent dans un domaine donné doivent pouvoir s'exprimer par le langage, à l'aide d'expressions du système de représentation. Autrement dit, le système doit être complet relativement au domaine visé. L'absence de complétude nous mène à adopter des systèmes de représentation de plus en plus complexes ou encore à utiliser plus d'un système.

Le raisonnement temporel consiste à formaliser la notion du temps et fournir des

21

moyens pour représenter et raisonner sur les aspects temporels de la connaissance. Pour décrire les propriétés du bon fonctionnement des applications, les logiques temporelles sont des formalismes bien adaptées, notamment par leur capacité à exprimer l'ordonnancement des actions/événements dans le temps.

L'ordre des actions intervenant dans certains événements joue un rôle important ; comme exécuter une action avant une autre, reproduction d'une action (processus)ou exécuter plusieurs actions en même temps. Ce qui nous a amené à définir deux opérateurs sur les actions. Ces opérateurs définissent des contraintes sur le temps.

Un événement peut être la cause d'un ou plusieurs événements dans le futur comme il peut être du à un ou plusieurs événements qui se sont déroulés dans le passé. A cet effet, nous proposons une extension du langage propositionnel à l'aide deux opérateurs [Mamache, 2010] :

• L'opérateur F_k qui permet d'énumérer tous les événements qui se produiront dans le futur et dont un événement e est la cause

•L'opérateur Pk_k permet d'énumérer tous les événements qui se sont produit dans le passé et qui ont donné lieu à un événement e.

Ces opérateurs peuvent être utilisés pour décrire les pré-conditions et effets d'une actions. Ils donnent la possibilité de représenter l'évolution de l'univers pour des futurs variés (prédiction), comme ils permettent la représentation des raisonnements du type prédiction, explication et planification.

La causalité est à la base de la capacité à prédire les événements, à planifier les actions, à interagir avec l'environnement. Ce qui n'est pas causal est sans explication. Une représentation sans causalité serait pauvre, une notion de causalité, au-delà de la logique classique est nécessaire.

1.7 La Logique Temporelle $\mathcal{L_C}$ pour le raisonnement causale entre actions et événements/effets

Dans ce chapitre, nous proposons un formalisme pour représenter les relations causales et temporelles entre les événements et les actions Dans ce cadre, nous proposons une logique temporelle pour raisonner sur les actions et événements. Nous donnons lénsemble des axiomes de la logique, ses axiomes et la sémantique. Nous proposons une logique temporelle complète [Mamache, 2011]qui raisonne sur les actions ; les événements qui sont la cause de plusieurs événements ainsi que les événements dû à plusieurs événements qui se sont produits dans le passé.

Nous définissons la valuation dans les cas suivants :

– Cas des actions qui se produisent en même temps, l'ensemble des actions qui se produisent en même temps est représenté par la classe d'équivalence d'une des actions qui sera le représentant de la classe ;

– Dans le cas d'une action qui se répète en des éléments de temps différents (processus), l'ensemble des éléments de temps où une action a s'est reproduite est représenté par la classe d'èquivalence d'un élément de temps t où l'action a a été exécutée pour la première fois, t est le représentant de la classe.

– Dans le cas d'actions compétitives. Pour le choix des actions, nous avons plusieurs possibilités :

(i) L'agent est intéressé par la première action réalisée (choix temporel),

(ii) L'agent est intéressé par l'action la plus simple, etc...

1.8 Organisation

La première partie de la thèse, consacrée à l'état de l'art, contient une étude systématique de plusieurs logiques qui ont été proposées dans ce domaine. Elle est composée de deux chapitres :

– le chapitre 2 présente les différents raisonnements. Nous décrivons les raisonnements basés sur les logiques monotones et non monotones comme nous parlons des limites apparues dans ces logiques. Nous avons mis l'accent sur les logiques de base, la logique propositionnelle et la logique des prédicats du premier ordre. Ensuite, nous présentons le raisonnement temporel en effectuant une étude des principales logiques temporelles existantes, approches basées sur les arguments temporels, logiques modales réifiées et les logiques modales temporelles.

– le chapitre 3 est consacré aux formalismes d'actions basés sur les Dls. Nous présentons les logiques de description, leurs origines, leur formalisme et les applications développées avec des Dls-systèmes. Nous citons ensuite les principaux travaux sur l'intégration des Dls dans les formalismes d'actions.

Dans la deuxième partie de cette thèse, nous présentons les formalismes sur lesquels nous nous sommes basée pour définir notre formalisme :

– dans le chapitre 4, nous parlons de la causalité et du raisonnement causal, en particulier de la causalité et des actions, de la modélisation temporelle de la causalité, la causalité et normes ainsi que la non monotonie de la causalité.

– Le chapitre 5 présente les principaux formalismes temporels développés, la logique temporelle de J.Allen et celle de D.McDermott et l'inadéquation à représenter le temps dans ces logiques.

Dans le chapitre 6, nous définissons des opérateurs pour décrire les pré-conditions et effets d'une actions. Ils donnent la possibilité de représenter l'évolution de l'univers pour des futurs variés (prédiction), comme ils permettent la représentation des raisonnements du type prédiction, explication et planification.

Dans le chapitre 7 nous présentons notre propre formalisme, un formalisme basé sur un langage du premier ordre augmenté d'opérateurs temporels. Dans ce formalisme nous utilisons les classes d'équivalence pour représenter certains types d'actions.

– Enfin, le dernier chapitre dresse le bilan de cette thèse et présente les perspectives possibles.

Chapitre 2

Représentation de la connaissance

2.1 Introduction

La représentation de la connaissance est un problème central en Intelligence Artificielle. Elle consiste à exprimer la connaissance dans un formalisme adapté à une bonne exploitation de cette connaissance. Il n'existe pas de méthode de représentation structurée et adéquate mais un ensemble de principes et de techniques variées pouvant aider à l'organisation et la structuration de la connaissance. L'organisation de la connaissance sous la forme d'un ensemble cohérent et complémentaire de faits et de règles constitue une base de connaissances. Une représentation de la connaissance revient à la transformation de cette connaissance en une base de connaissance. Le choix d'un formalisme adéquat dans lequel il faut traduire cette base de connaissance est une étape importante dans la représentation de la connaissance. Plusieurs formalismes ont été proposés. Nous nous intéressons au formalisme logique.

Le formalisme logique a été l'un des premiers formalismes proposés pour représenter la connaissance, et constitue toujours la base de nombreuses recherches en IA [Thayse, 90]. C'est un formalisme qui s'est développé à la fin des années 70 utilisant un langage parfaitement défini qui permet souvent de mécaniser des procédures de démonstration, langage symbolique qui traduit la logique mathématique en une description de la connaissance à

la fois logique, simple et proche de la langue naturelle. Cette approche s'est surtout intéressée aux propriétés mathématiques des formalismes. Le langage logique le plus basique
est la logique propositionnelle. La logique est une discipline scientifique à l'intersection de
la philosophie, de la linguistique, des mathématiques et de l'informatique.

Ce chapitre est consacré aux raisonnements. La première section décrit brièvement le
raisonnement monotone. Ensuite, nous introduisons le raisonnement non-monotone et le
raisonnement temporel.

2.2 Raisonnement monotone

Le raisonnement monotone est un processus d'inference basé sur des informations
complètes, de véracité invariable, et dont les conclusions demeurent toujours valides avec
l'ajout de nouvelles informations [Brewka et al, 1997]. Dans ce qui suit, nous donnons un
aperçu sur les différentes logiques [Kleene, 71].

2.2.1 Logique propositionnelle

La logique propositionnelle constitue la base de toutes les approches logiques développées, en particulier en IA [Thayse, 90], c'est une référence pour le traitement symbolique
de l'information.

Le vocabulaire de la logique propositionnelle est formé d'un ensemble dénombrable
de propositions p et de symboles appelés connecteurs $\{\neg\, ,\, \wedge\, ,\, \vee\, ,\, \supset, \equiv\, \}$. Le calcul des
propositions fournit un cadre formel pour assembler ces 'mots' en phrases syntaxiquement
correctes qui sont les formules bien formées du langage.

Définition 2.2.1. *Le langage L de la logique propositionnelle est l'ensemble des formules*
bien formées tel que si A et B sont des formules alors :

. *(non A) est une formule,*

. *(A et B) est une formule,*

. *(A ou B) est une formule,*

26

. $(A \equiv B)$ *est une formule.*

Un sous-ensemble de formules bien formées du langage L constitue une théorie logique dans ce langage.

La sémantique attribuée à ces formules est basée sur le principe suivant : une proposition est soit vraie, soit fausse.

Le domaine sémantique est composé des deux valeurs de vérité Vrai, Faux, l'interprétation d'une formule bien formée du langage revient à lui attribuer une de ces deux valeurs de vérités. La méthode des tables de vérités permet d'obtenir toutes les valeurs de vérité possible de n'importe quelle formule à partir des valeurs de vérités des littéraux qui la composent.

Définition 2.2.2. *Une interprétation est une fonction qui à toute proposition p associe une valeur de vérité V ou F. Son extension I par la méthode des tables de vérité associe également à toute formule bien formé du langage une valeur de vérité V ou F.*

Toute interprétation I qui associe à une formule une valeur de vérité V est appelée modèle de la formule noté $I(\varphi)$. L'ensemble des modèles de φ est noté $M(\varphi)$.

$$M(\varphi) = \{I(\varphi)\}$$

Définition 2.2.3. *Une formule est dite consistante si elle admet au moins un modèle. Les formules (p et q) et (p ou q) sont consistantes.*

Définition 2.2.4. *Une formule inconsistante est une formule qui n'admet aucun modèle (l'ensemble des modèles est vide).*

La formule (p et $nonp$) est inconsistante

Définition 2.2.5. *Une formule est valide si elle prend la valeur de vérité vraie dans toutes les interprétations possibles, on note $\models \phi$.*

Les formules (p ou $\neg\, p$) et ($p \supset p$) sont valides.

27

Propriété : Soit ϕ un ensemble de formules. L'ensemble des modèles de ϕ est l'intersection des ensembles de modèles de chaque formule de ϕ :

$$M(\phi) = \cap_{\varphi \in \phi} M(\varphi)$$

Définition 2.2.6.

 – *Une théorie est complète si dans ses modèles toute formule du langage est valide ou inconsistante.*
 – *Une théorie est inconsistant si elle n'admet aucun modèle : $M(\varphi) = \emptyset$.*

La logique des propositions offre un pouvoir expressif limitée, elle étudie des énoncés qui sont soit vrais, soit faux. L'exemple de Socrate ne peut être traduit en logique propositionnelle. En effet, l'énoncé en question fait intervenir une variable quantifiée " homme ". "Les hommes sont mortels" indique l'universalité : " Tout x qui a la propriété homme est mortel ". Pour traduire cela, le système formel doit être plus riche que la logique propositionnelle.

2.2.2 Logique des prédicats du premier ordre

Une des limites les plus importantes de la logiques propositionnelles est que certaines propositions sont considérées comme inanalysables. La logique des prédicats du premier ordre comble certaines lacunes du calcul propositionnel [Kleene, 71]. Celui-ci ne dispose d'aucun moyen pour distinguer les structures des propositions suivantes :

 – Tous les hommes sont mortels
 – Quelques hommes sont mortels
 – Leibniz est mortel

Pour le calcul propositionnel, ce sont là trois propositions simples, symbolisables par les variables p, q, r. Cette non-différenciation pose un problème car les différences qui existent entre ces trois propositions sont pertinentes du point de vue logique.

La logique des prédicats se présente comme un prolongement du calcul propositionnel. Les éléments nouveaux ne remettent pas en cause tout ce qui a été introduit en logique des propositions : ils viennent plutôt enrichir le langage, dans lequel seront conservés en particulier les connecteurs.

En logique des prédicats, on distinguera deux types d'expressions dans le langage :

- les formules (bien formées), et

- les phrases qui sont des formules bien formées qui expriment des propositions.

Les formules bien formées qui ne sont pas des phrases correspondent intuitivement à des propriétés, ou des relations.

Le vocabulaire du calcul des prédicats du premier ordre comprend les connecteurs dyadiques du calcul des prédicats ,$\wedge$, $\vee$, $\{\neg, \supset, \equiv \}$ et les symboles suivants :

- des constantes (ou constantes individuelles),

- des variables,

- des prédicats,

- des fonctions (ou constantes fonctionnelles),

- les quantificateurs universel $\forall$ et existentiel $\exists$.

Les constantes sont des symboles directement mis en correspondance avec les objets que l'on décrit ou sur lesquels on veut raisonner.

Les variables $\{x, y, z, ...\}$ peuvent être instanciées dans un ensemble de constantes possibles $\{a, b, c, ...\}$.

Les fonctions $\{f(x, y); g(x, y, z); ...\}$ prennent comme arguments des variables ou des constantes pour retourner des valeurs prises parmi l'ensemble de constantes possibles.

Les "mots" constitués des variables, des constantes et des fonctions appliquées à ces variables ou constantes forment les termes du langage. Les prédicats ont pour arguments les termes du langage.

Le langage comprend également toutes les formules bien formées à partir des formules atomiques, des connecteurs dyadiques de la logique propositionnelle et des quantificateurs. Si φ et ψ sont des formules bien formées du langage L, alors :

$\varphi \wedge \psi$, $\varphi \vee \psi$, $\neg\varphi$, $\neg\psi$, $\varphi \supset \psi$, $\forall x \varphi$, $\exists\, x\, \psi$ sont des formules.

On s'intéresse également à la sémantique d'une formule, ou d'un ensemble de formules en recherchant ses modèles. Une interprétation I pour une théorie logique, consiste ainsi à associer une valeur de vérité à chaque formule bien formée du langage.

Toutes les notations mathématiques ont leurs forces et faiblesses, une des limites de la logique de premier ordre est qu'elle ne permet pas la représentation des expressions du genre "si- alors- d'autres". si (c, a, b), où "a et b" sont deux formules et « c » est une condition exprimée comme une formule, son résultat serait « a » si c est vrai, et « b » si c est faux. Beaucoup de fonctions mathématiques sont exprimées en termes de si-alors-d'autre, et si-alors-d'autre est fondamental pour décrire la plupart des programmes machine.

2.2.3   Logiques modales

Il existe un ensemble de formalisations logiques de notions telles que possibilité-nécessité, plausibilité-certitude, croyance, connaissance, etc..., que l'on regroupe sous le terme de logiques modales.

Ces logiques reprennent les axiomes, les règles d'inférences, les théorèmes et un langage L de la logique propositionnelle ou predicative du premier ordre en y ajoutant des opérateurs modaux $\Box$ et $\Diamond$ notés également L et M.

Les logiques modales peuvent être vues comme des extensions des logiques propositionnelles avec certains opérateurs (modalités) exprimant l'exécution possible ou nécessaire de certaines actions.

Le cadre des logiques modales permet de définir des systèmes aussi bien monotones que non-monotones mais est surtout adapté à la modélisation des croyances d'un agent. Les logiques modales sont définies à partir d'un langage L par la donnée supplémentaire d'axiomes et de règles d'inférences régissant l'emploi des opérateurs modaux et qui sont ajouté dans le langage modal .

L'interprétation sémantique de ces opérateurs implique la notion de mondes possibles, mais aussi de relations d'accessibilité entre ces mondes possibles : ces relations caractérisent à partir de chaque monde possible w l'ensemble des autres mondes possibles qui peuvent être pris en compte pour l'interprétation des formules du langage modal dans le monde w .

Kripke[Kripke, 71] a proposé une technique d'analyse de la sémantique des logiques modales appelée sémantique des mondes possibles. Dans cette approche, l'interprétation d'une formule modale dépend du monde possible considéré.

Définition 2.2.7. *Sémantique des mondes possibles de Kripke*

Soient Ω un ensemble de mondes possibles ou univers muni d'une relation d'accessibilité binaire R reliant deux à deux les différents mondes possibles. Le couple (Ω, R) est appelé structure.

Définition 2.2.8. *Une valuation V est une application de $\Omega \times L$ dans l'ensemble {Vrai, Faux} qui associe à chaque monde possible w de Ω et à toute formule de L une valeur de vérité, L étant le langage propositionnel ou prédicatif dont dérive le langage modal $\mathcal{L}$.*

Définition 2.2.9.

. *Le triplet (Ω, R, V) est appelé modèle de la structure de Kripke (Ω , R).*

. *La notation (Ω , R,V) $\models_w f$ signifie que f est vraie dans le monde w pour le modèle (Ω , R, V)*

Propriété : (Ω , R,V) $\models_w \Box f$ si et seulement si pour tout w' de Ω tel que $w\ R\ w'$, on a :

(Ω , R,V) $\models_{w'} f$,

qui signifie que $\Box f$ est vraie dans un monde w et pour un modèle (Ω ,R,V) si et seulement si f est vraie dans tous les mondes accessibles à partir de w et pour le modèle (Ω ,R, V).

Propriété : (Ω , R,V) $\models_w \Diamond f$ si et seulement si il existe w' de Ω tel que $w\ R\ w'$, on a :

(Ω , R,V) $\models_{w'} f$,

qui signifie que $\Diamond f$ est vraie dans un monde w et pour un modèle (Ω, R, V) si et seulement si f est vraie dans au moins un mondes accessible à partir de w et pour le modèle (Ω, R, V).

On peut alors donner une définition de la validité d'une formule modale dans un modèle et également dans une structure :

- Une formule f de $\mathcal{L}$ est valide dans un modèle (Ω, R, V) si et seulement si pour tout w de Ω on a $(\Omega, R, V) \models_w f$. On note $(\Omega, R, V) \models f$.
- Une formule f de $\mathcal{L}$ est valide dans une structure si et seulement si pour tout modèle (Ω, R, V), on a $(\Omega, R, V) \models f$. On note $(\Omega, R) \models f$.
- Une formule f de $\mathcal{L}$ est valide si et seulement si pour toute structure (Ω, R) on a $(\Omega, R) \models f$. On note $\models$ f.

Dans la logique classique, si un ensemble de formules $\{f_1, f_2, ..., f_n\}$ considérées comme Vraies permet d'inférer que f est Vraie alors l'ajout de formules supplémentaires dans l'ensemble des formules valides ne remet pas en cause la vérité de f. C'est ce qu'on appelle propriété de monotonie.

Définition 2.2.10. *Soit f_1, f_2, ..., f_n un ensemble de formules, si f et g sont des formules du langage dans un système formel de raisonnement muni de la déduction $\vdash$, la propriété de monotonie s'énonce comme suit :*

f_1, f_2, ..., $f_n \vdash f$ alors f_1, f_2, ..., f_n, $g \vdash f$

Le raisonnement monotone est à la base de tout raisonnement, mais l'aspect non monotone du raisonnement humain a motivé la recherche dans le domaine de la représentation de la connaissance à déterminer un formalisme pour représenter cette non monotonie.

2.3 Raisonnement révisable

2.3.1 Raisonnement non monotone

Une caractéristique du raisonnement humain est la capacité de tirer des conclusions en présence d'informations incomplètes ou incertaines. Cet aspect non monotone du raisonnement humain diffère du raisonnement en logique mathématique qui est monotone et dont l'objectif est de préserver la valeur de vérité.

Une des motivations pour l'utilisation du raisonnement non monotone concerne sa similarité avec le raisonnement humain : par manque d'information ou manque de temps, une personne doit souvent raisonner avec des connaissances partielles et réviser les conclusions au besoin lorsqu'elle a plus d'informations. En général, le raisonnement non monotone est motivé par plusieurs raisons pratiques :

– Permettre le raisonnement avec des informations plausibles :

– Permettre le raisonnement en l'absence d'informations complètes :

– Éviter d'énumérer toutes les conditions ou exceptions à une règle.

Un raisonnement non monotone est un raisonnement qui permet de tirer des conclusions qui pourront être invalidées en présence de nouvelles informations.

Définition 2.3.1 (raisonnement révisable). *Dans un système formel de raisonnement révisable , on peut inférer que f est vraie à partir d'un ensemble de formules ϕ puis éventuellement que f est fausse à partir d'un nouvel ensemble de prémisses {ϕ, ψ } où ψ est un ensemble de formules vraies supplémentaires.*

La propriété de monotonie s'oppose à la notion de raisonnement révisable.

2.3.2 Logiques des défauts

La logiques des défauts a été introduite [Reiter,80] puis développées [Reiter et Criscuolo, 81]. Elle a été largement étudiée et utilisée pour rendre compte du caractère non-monotone du raisonnement. La logique des défauts ajoute à la logique classique une nouvelle règle d'inférence appelée "défaut". Un défaut permet d'inférer une formule tant qu'aucune exception à son application ne se présente. Il permet également un type de raisonnement qui peut s'exprimer comme suit :

Si on est dans une situation où A est vrai, et si rien n'indique que dans cette situation B est dérivable alors inférer C. Il s'agit d'une inférence par défaut, la conclusion C

n'est possible que dans la situation en cours.La présence d'éléments supplémentaires peut remettre en cause cette conclusion en inhibant l'application du défaut, d'où le caractère non monotone de la logique des défauts. Les règles d'inférence sont du type :

$$\frac{Pr : Justif}{Cons}$$

où Pr, $Justif$ et $Cons$ sont trois formules bien formées du langage. Pre est appelé le prérequis du défaut, $Justif$ est la justification du défaut et $Cons$ son conséquent.

Si l'on croit Pr et si $Justif$ est consistant avec l'ensemble des croyances, alors $Cons$ doit être cru également.

La loi énonçant que généralement les oiseaux volent est :

$$\frac{Oiseaus(x) : Vole(x)}{Vole(x)}$$

qui est interprétée par : si x est un oiseau et s'il est consistant de supposer que x vole, alors on peut inférer que x vole.

Formellement, une théorie de défauts est constituée par la donnée d'un couple $T=$ ($\mathcal{D}$, W) où W est ensemble de formules du premier ordre décrivant des faits qui sont (crus) vrais, et $\mathcal{D}$ un ensemble de règles d'inférences spécifique permettant d'étendre les connaissances représentées dans W,appelées défauts.

La forme générale d'un défaut est :

$$\frac{A : B_1, B_2, ..., B_m}{C}$$

A est le prérequis du défaut , $B_1, B_2, ..., B_m$ représentent sa justification et C sa conclusion.

L'interprétation associé à ce défaut est :

"si A est prouvé vrai, et si aucun des $\neg B_i$ n'appartient à l'ensemble des conclusions de la théorie alors ajouter C à cet ensemble de conclusions".

Une extension est un sur-ensemble des informations de base du système qui comprend tout ce qui peut être inféré par les règles de la logique classique ou par des défauts, tout en garantissant la cohérence du résultat.

Définition 2.3.2. *Soit S un ensemble de formules de premier ordre, $Th(S)$ l'ensemble de toutes les formules qui peuvent être déduites validement de S et $\Gamma(S)$ le plus petit ensemble qui satisfait les conditions suivantes :*

- $W \subseteq \Gamma(S)$
- $Th\ (\Gamma(S)) = \Gamma(S)$
- *si $\frac{Pr:Justif}{Cons} \in W$ et $Pr \in \Gamma\ (S)$ et $\neg\ Justif$ n'appartiennent pas à S alors, $Cons \in \Gamma(S)$.*

Un ensemble E de formules de premier ordre est une extension de la théorie de défauts T si et seulement $E = \Gamma(E)$ ou encore E est un point fixe de l'opérateur Γ

Théorème 2.3.1. *[Reiter80]Soit E un ensemble de formules de premier ordre. E est une extension de la théorie de défauts T si et seulement $E = \bigcup_{i \geq 0} E_i$ où*

- $E_0 = D$;
- $E_{i+1} = Th(E_i) \cup \{w\ /\ (\frac{u:v}{w}) \in D,\ u \in E_i,\ \neg\ v\ nin\ E\}$

Théorème 2.3.2. *[Reiter80] Une extension de (D, W) est inconsistante si et seulement si D est inconsistant*

Exemple 2.3.3. *Soit $T = (D, W)$ où $W = \{p, q\ \}$ ct $D -\{d_1\ \}$, $d_1 = \frac{p:r}{r}$. L'ensemble S qui vérifie les conditions de la définition doit contenir W donc p, q sont de éléments de S, r est-il un élément de S. Si on suppose que $\neg\ r \in S$, le plus petit ensemble qui vérifie les conditions de la définition est $\Gamma(S) = Th(p, q)$, dans ce cas $S = \Gamma(s)$. Si $\neg\ r$ non $\in S$, $\Gamma(S) = Th(p, q, r)$ et il est possible de faire en sorte que $S = \Gamma(S)$. Il n'y a pas d'autres possibilités , la théorie possède une extension unique $E = Th(p, q, r)$.*

Une théorie de défauts peut ne pas avoir d'extension.

Exemple 2.3.4. $D = \{A, B\ \}$, $W = \{\ \frac{A:B}{E},\ \frac{A:C}{nonE}\ \}$

Une théorie de la logique des défauts peut avoir plusieurs extensions. les différentes extensions correspondent à différentes interprétations possibles d'une même situation.

Exemple 2.3.5. $D = \{ manchotPolly\}$

$$W = \left\{ \frac{manchot(x) : oiseaux(x)}{ouseau(x)}, \frac{oiseau(x) : saiy - voler(x)}{sait - voler(x)}, \frac{manchot : sait - voler(x)}{nonsait - voler(x)} \right\}.$$

Dans ce cas nous avons deux extensions :

- *$E_1 = Th$ ({ manchot(Polly), oiseau(Polly) ; sait-voler(Polly)})*
- *$E_2 = Th$ ({ manchot(Polly), (non)oiseau(Polly) ; sait-voler(Polly)})*

Reiter montre [Reiter, 1980] qu'il existe des théories avec défauts pour lesquelles il existe au moins une extension. Il s'agit des théories normales, elles sont de la forme :

$$\frac{A : C}{C}$$

où C est à la fois justification et conséquent.

Reiter [Reiter et Criscuolo, 81] a montré que ces défauts ne suffisent pas pour formaliser certaines situations élémentaires(exemple précédent).

Les défauts permettent de construire des extensions de W en y ajoutant au fur et à mesure toutes les formules qui peuvent être inférées par application récursive des défauts dont les justifications sont consistantes jusqu'à stabilisation de l'opération en un point fixe. Les extensions sont distinctes les unes des autres.

Les problèmes qui peuvent se poser sont :

- le problème de décider si une formule du langage appartient à une extension de W ou non, pour lequel, il n'existe pas de procédure générale de décision [Thayse, 90] à l'exception des théories fermées contenant un nombre fini de défauts normaux, ;
- le problème de décider s'il existe une extension ou non (il y a une réponse positive dans le cas des défauts normaux [Reiter80]) ;
- le problème de choisir entre plusieurs extensions.

Les logiques des défauts proposent donc de manipuler les formules usuelles de la logique des prédicats du premier ordre avec des règles d'inférences particulières permettant de traiter de manière implicite les exceptions à certaines lois considérées comme assez générales.

2.3.3 Contrefactuels

Les approches traitants des "counterfactuals" [Ginsberg, 85.] introduites par D. Lewis dans un article [Lewis, 73] sur la causalité sont relativement en marge des formalismes de raisonnement non-monotone. Il s'agit de définir des affirmations apparentées à des relations de cause à effet du type "si p alors q", où p est supposé être faux. Ainsi on note $p > q$ et ceci est interprété par $\neg\, p$ est une cause de $\neg\, q$.

Les énoncés contrefactuels indiquent ce qui se passerait si un antécédent non réalisé venait à s'actualiser.

Une proposition contrefactuelle prend la forme d'une phrase conditionnelle, telle que "si... alors...", qui indiquerait ce qui serait vrai si l'antécédent avait eu lieu.

Exemple 2.3.6 (Ginsberg, 85). *"il n y a pas eu de coupure de courant" > "le diner a eu lieu"*

2.3.4 Logiques multi-valuées

De nombreuses limites sont apparues dans la logique classique. Pour y remédier, fut créer un certains nombres de logiques dites classiques dont la logique multi-valuée[Ginsberg, 86, 91]. L'ajout de nouvelles valeurs de vérité, permet à l'incertitude et le désaccord d'être modelés explicitement ce qui a donné lieu à beaucoup d'applications dans les bases de données, dans la représentation de la connaissance ou dans la vérification du matériel et du logiciel.

L'ensemble des valeurs de vérités n'est en général pas réduit à l'ensemble {Vrai, Faux} mais peut comporter également :

- u pour "unknown", c'est à dire inconnu, indéterminé, c'est le cas où on n'a aucune information sur une formule f d'une théorie $\mathcal{A}$;

- $\perp$ pour contradictoire, c'est le cas d'une formule f d'une théorie $\mathcal{A}$ dans le cas où $A \vdash f$ et $\mathcal{A} \nvdash f$;

- t pour *true*, c'est à dire $Vrai$;

- f pour *false*, c'est à dire $Faux$;

- dt pour *true* by default, c'est à dire $Vrai$ par défaut. $\mathcal{A} \nvdash \neg f$; où f est une formule d'une théorie $\mathcal{A}$.

- df pour *false* by default, c'est à dire $Faux$ par défaut, $\mathcal{A} \nvdash f$; où f une formule d'une théorie $\mathcal{A}$, f étant une formule d'une théorie $\mathcal{A}$

- $*$ pour *true* by default et false by default, c'est dans le cas où $\mathcal{A} \nvdash f$ et $\mathcal{A} \nvdash \neg f$; etc...

Une limite de la logique non monotone consiste au fait que les inférences peuvent nécessiter des révisions avec l'ajout de nouvelles prémisses. Une autre limite concerne la non-décidabilité au niveau informatique ; l'application de règles non monotones nécessite généralement de vérifier la consistance entre des formules et des théories - mais cette vérification est non-décidable pour les logiques non monotones.

2.3.5 Logique modale de McDermott

McDermott et Doyle ont commencé par présenter [McDermott et Doyle, 80] une version du calcul des prédicats, qui comporte les opérateurs standards du calcul des prédicats et un opérateur M dont la signification se rapproche d'une certaine notion de " consistance" sans donner aucune sémantique à cet opérateur.

Les logiques non-monotones de D. McDermott et J. Doyle sont des logiques modales prédicatives du premier ordre de possibilité-nécessité [McDermott, 82], [McDermott et Doyle, 80]. Elles sont adaptées à la modélisation des croyances. Elles permettent de distinguer ce qu'un agent croit possible (croyance non certaine) et ce qu'il tient pour nécessairement vrai (certitude).

2.4 Raisonnement temporel

2.4.1 Introduction

La notion du temps est omniprésente dans toute activité concernant le monde réel, qui est un monde dynamique. Les phénomènes qui s'y produisent ont une relation très étroite avec le temps. Le temps est une entité fondamentale dans la représentation de la connaissance, en particulier pour raisonner sur les changements et les actions. Le temps nous permet de décrire les changements et les caractéristiques de ses occurrences (forme, interaction avec d'autres occurrences...). Parler des changements revient à parler des situations ou des conditions qui ont mené à ces changements, donc des relations temporelles implicites et explicites. Dans un monde statique où rien ne change, le temps n'intervient pas. Ce sont les changements du monde qui font intervenir la notion du temps. Dans les systèmes de l'IA, il est nécessaire de considérer la dimension temporelle de l'information. Les événements se produisent temporellement, reliés entre eux par (before", during", after".

2.4.2 Forme logique

2.4.2.1 Arguments temporels

Dans une logique basée sur le système de représentation temporelle (TR), il est souhaitable que les propositions soient fournies avec une syntaxe formelle et une sémantique afin de voir comment elle fait face aux différents problèmes et la comparer à d'autres approches. Il y a trois façons de présenter le temps dans la logique : la logique de premier ordre avec des arguments temporels, les logiques modales temporelles et les logiques temporelles réifiées.

La méthode 'Temporels Arguments (TA)[Haugh, 87] consiste à représenter le temps comme un paramètre dans le calcul des prédicats du premier ordre. Les fonctions et les prédicats sont prolongés par un argument temporel désignant le temps où ils sont interprétés.

39

L'Argument Temporel, TA, semble une manière simple de représenter le temps. Cependant, ne pas donner un statut spécial au temps, ni notationnel ni conceptuel, peut causer des problèmes .

Exemple 2.4.1. *"Lyna a lu l'article le 11 Avril " peut être exprimé par lire (Lyna, article, 11.Avril), mais comment distinguer entre : lire(Lyna ; article ; 11.Avril)et lire(Lyna ; article ; revue).*

On ne peut rejeter la formule lire(Lyna ; article ; revue). Pour éviter ces problèmes il est commode d'utiliser une logique où on distingue les objets temporels des objets atemporels. Cette approche mène à un gain dans l'expressivité comme elle permet de rejeter les formules indésirables. Les expressions seront plus simples. [Bacchus et al, 91] affirment réaliser plus de flexibilité en limitant le nombre d'arguments temporels qui peuvent apparaître dans une fonction ou un prédicat. Des gains peuvent être obtenus également dans l'efficacité .

Une relation d'ordre est définie sur TA notée $\leq$ ainsi qu'une constante temporelle t_0 représentant le présent [Reichgelt, 89].

La définition de la structure temporelle permet de déterminer les propriétés de la logique et la complexité du raisonnement [Halpern et Shoham, 86]

La limitation principale du TA est sa puissance expressive. Le fait d'introduire le temps comme un argument rend le formalisme pas très approprié pour exprimer certaines expressions. Le TA n'est pas assez expressif pour parler des généralités des aspects temporels d'autres relations.

2.4.2.2 Logiques modales temporelles (MTL)

La sémantique des mondes possibles [Kripke, 71] est réinterprétée dans le contexte temporel en supposant que chaque monde possible représente un temps différent. Le langage est une extension du calcul propositionnel ou du calcul des prédicats avec des opérateurs temporels modaux. Généralement, les opérateurs temporels [Prior, 88] sont :

. FΦ : Φ est vrai dans certains futurs ;

- $P\Phi$: Φ vrai dans certains passés ;
- $G\Phi$: Φ est vrai dans tous les futurs ;
- $H\Phi$: Φ est vrai dans tous les passés.

En sémantique, à chaque monde possible est associé un élément de temps. Les éléments de temps sont liés par une relation temporelle de précédence (similaire à la relation d'accessibilité dans les logiques modales) et les opérateurs modaux de possibilité et de nécessité sont réinterprétés en temps futur et passé.

Différentes logiques sont obtenues en changeant les propriétés de la relation temporelle de précédence $\prec$. Ces propriétés sont syntaxiquement exprimées par un ensemble d'axiome. La logique temporelle minimale K est obtenue en n'imposant aucune restriction sur $\prec$. Elle est caractérisée (valide et complète) par l'ensemble des axiomes suivant ainsi que le modus ponens comme règle d'inférence :

Φ, si Φ est une tautologie

$G(\ \Phi_1 \Longrightarrow \Phi_2) \Longrightarrow (G\ \Phi_1 \Longrightarrow G\Phi_2)$

$H(\ \Phi_1 \Longrightarrow \Phi_2) \Longrightarrow (H\ \Phi_1 \Longrightarrow H\Phi_2)$

$\Phi \Longrightarrow HF\ \Phi$

$\Phi \longrightarrow GP\ \Phi$

$G\ \Phi$ si Φ est un axiome

$H\ \Phi$ si Φ est un axiome

MP si Φ_1 et $\Phi_1 \Longrightarrow \Phi_2$ alors Φ_2

En imposant des contraintes supplémentaire à la relation de précédence $\prec$, on obtient d'autres systèmes.

La transitivité sur le temps est exprimé par :

$\forall t, t', t''\ t \prec t' \wedge t' \prec t'' \Longrightarrow t \prec t''$.

La linéarité à gauche est exprimé par :

$(\forall\ t,\ t',\ t'')\ t \prec t'' \wedge t' \prec t'' \Longrightarrow t \prec t' \vee t = t' \vee t' \prec t$

Elle permet d'affirmer plusieurs passés. L'axiome correspondant est :

$P\Phi_1 \wedge P\Phi_2 \Longrightarrow P\ (\Phi_1 \wedge \Phi_2\ ) \vee P(\Phi_1 \wedge P\ \Phi_2) \vee P\ (P(\Phi_1 \wedge \Phi_2))$.

41

On peut définir sur le temps la densité,la continuité , etc...suivant les besoins du domaine à représenter.

La logique temporelle modale (MTL) est une approche relativiste du temps contrairement à l'approche absolutiste TA.

Exemple 2.4.2. *1. (F écrire(X ; Y ; sms))exprime que "X écrira un sms à Y".*

2. (P (F écrire(X ; Y;sms))) exprime que dans le futur, le fait se réalisera.

Plusieurs extensions ont été proposées pour se rapporter à des périodes précises : [Reichgelt, 89] définit une logique modale dans laquelle il introduit l'opérateur $AT(t)$ où t est une constante temporelle, $AT(t)$ Φ exprime : la formule Φ est vraie en t.

MTL est plus expressive que TA, du moins pour certains types d'états. Dans $T.A$ l'exemple précédent sera représenté par :

Exemple 2.4.3. $\exists\ t.now < t \wedge \exists\ t'.\ t' < t \wedge$ *écrire(X ; Y; sms ; t).*

C'est une expression peu pratique.

La situation a mené à la suggestion de systèmes à deux niveaux [Reichgelt, 89] [Farinas Del Cerro,85] : un niveau propositionnel basé sur l'approche MTL et un niveau basé sur des arguments temporels.

La MTL a été largement utilisée dans la compréhension du langage naturel [Galton,87] mais beaucoup plus dans la programmation. L'idée est de spécifier un programme en utilisant la logique modale temporelle et d'appliquer des méthodes de déduction pour prouver les propriétés de ce programme. C'est dans cet objectif que plusieurs opérateurs modaux ont été utilisés pour prolonger le temps comme par exemple *next, until* etc...

Les inconvénients de la MTL sont du point de vue efficacité. En général, les preuves dans la logique modale sont plus difficiles que dans la logique du premier ordre. Il y a eu beaucoup de tentatives pour fournir des méthodes de preuve efficaces [Eenjalbert et Farinas Del Cerro, 86], [Jackson et al, 89],[Auffrey, 90] et certaines d'entre elles sont particulièrement orientées vers les logiques modales temporelles [Gabbay, 87],[Fisher, 91].

L'opérateur $AT(t)$ de Reichgelt [Reichgelt, 89] ne spécifie pas le passé ni le futur. $AT(t)$ Φ exprime que la formule Φ est vraie en t sans préciser si elle est vraie au passé ou au futur.

2.4.2.3 Logiques réifiées

Dans les logiques réifiées, les prédicats de vérité prennent comme arguments une formule dans le langage objet et une expression désignant un objet temporel. Ainsi nous avons une formule de la forme TRUE (expression atemporelle ; qualification temporelle) qui exprime que le premier argument est vrai " pendant ou durant" le temps désigné par le deuxième argument.

Exemple 2.4.4. *Holds (lire (Lyna ; revue) ; 1er mai),*

l'expression atemporelle (lire(Lyna ; revue) est vraie durant le temps désigné par l'argument (1er mai)

En général, l'occurrence temporelle pour l'expression atemporelle induite de la qualification temporelle admet plusieurs interprétations. Dans l'exemple précédent, on pourrait comprendre que lyna a lu la revue toute la journée du 1er mai, ou plusieurs fois durant la journée 1er mai, ou une seule fois durant les 24 heures 1er mai. Si on considère le fait de lire durant une journée comme lire durant une journée entière, alors, on peut seulement indiquer que le fait s'est produit en la totalité de la période mais pas en un quelconque sous-intervalle .

Les prédicats de vérité ne sont pas utilisés pour exprimer seulement le temps où une expression est vraie mais également son occurrence temporelle. Dans ce qui suit, on notera ce prédicat TOP (Temporal Occurrence Pattern). Par conséquent, on peut introduire et axiomatiser plusieurs prédicats selon les différents types d'occurrence temporelle.

Les avantages de la reification temporelle est qu'elle accorde un statut spécial au temps et donne une puissance expressive pour étudier les rapports entre les termes propositionnels et les aspects temporels avec une généralisation de haut niveau ; appelée connaissance temporelle générale représentée par :

- L'axiomatisation des prédicats TOP : Pour exprimer l'homogénéité (consistance) du prédicat $Holds$ pour des faits, nous avons l'axiome suivant :

  $HOLDS(p, T) \iff \forall\ t. \in (t, T) \implies HOLDS(p, t)$, où p est un fait, T l'ensemble des instants er t un élément de T.

- Incompatibilité des faits : On peut exprimer l'incompatibilité des faits par exemple INCOMPATIBLE(lire(Lyna ; revue) ;lire(Lyna ; article)) on peut alors énoncer des axiomes généraux sur la temporalité de la relation d'incompatibilité, comme " les faits incompatibles ne peuvent chevaucher "

- Causalité : On peut exprimer des rapports causaux.

Exemple 2.4.5. *un événement cause un fait comme CAUSES(achat de la revue ;time ;lire(Lyna ;revue).*

La règle temporelle générale : " les effets ne précédent jamais leurs causes " est exprimée par :

$\forall$ événement ; $fait$;$temps_1$;$temps_2$: $CAUSES$ (événement ; $temps_1$;$fait$;$temps_2$) $\implies temps_1 < temps_2$.

Shoham [Shoham, 88] présente la logique réifiée et atteste qu'elle est plus générale que les systèmes de McDermott et d'Allen.

Le vocabulaire (semblable à l'approche des arguments temporels) se compose d'un ensemble de symboles temporels et d'un ensemble de symboles atemporels. Il sépare entre les expressions temporelles et les expressions atemporelles. Il présente une sorte de méta-prédicats TRUE qu'il considère comme arguments à deux termes temporels et un terme propositionnel atomique constitué d'une relation dont les arguments sont des termes atemporels.

Dans la sémantique, une séparation est également définie entre les objets temporels et les objets atemporels. La manière dont les expressions sont interprétées dépend du fait, que ce soit une expression temporelle ou pas.

Pour les expressions temporelles, la signification est indépendante du temps où ces expressions sont interprétées, (par exemple 23 : 00.Mai.2010 désigne toujours la même heure). Pour les expressions atemporelles, la signification dépend du temps (ex ; revue

(Lyna)) peut désigner différentes revues comme l'expression peut être est interprétée à différents moments). L'interprétation des expressions atemporelles et des relations dépend de l'interprétation des expressions temporelles dans les deux premiers arguments du prédicat $TRUE$.

Du point de vue expressivité, le formalisme a plusieurs imperfections. Comment exprimer la phrase :

Exemple 2.4.6. *" Lyna a eu un entretien aujourd'hui avec la personne qui lui a donné hier la revue nationale " ?*

Dans cette logique, on ne peut pas exprimer la connaissance temporelle générale " les effets ne précèdent jamais leurs causes ".

Du point de vue logique, le formalisme de Shoham a beaucoup de similitudes avec la logique modale. En ce qui concerne la sémantique du prédicat TRUE, il semble un arrangement d'opérateurs modaux, il considère deux expressions temporelles et en produit un nouvel opérateur modal. Le langage ne traite ni la représentation de formules d'une autre logique ni la satisfaction des ces formules à un moment donné. Cette logique ne fait pas partie du langage du premier ordre et de sa sémantique , la théorie de preuve du premier ordre ne s'applique plus. Par conséquent, il faudrait qu'un nouveau procédé de raisonnement soit développé, si possible, avec des garanties sur la validité et la complétude. Cependant, il n'y a aucun gain d'expressivité qui justifie cet effort. Dans [Bacchus et al, 91] il montre que le système BTK (Temporal Argument Approch) englobe la logique réifiée de Shoham. En d'autres termes, tout ce qui peut être exprimé dans le formalisme de Shoham peut être exprimé dans l'approche des arguments temporels, la réciproque est fausse.

Reichgelt [Reichgelt, 89]définit une logique temporelle réifiée (TRL) basée sur une logique temporelle modale avec l'opérateur $AT(t)$ comme 'object logic' à réifier, noté OL.Le méta-langage utilisé pour décrire la satisfiabilité dans la logique modale de Reichgelt est un langage du premier ordre.

Le système de Reichgelt est totalement réifié, mais complexe. La représentation de la connaissance dans un tel système n'est pas simple.

Le système d'inférence permet l'utilisation d'un 'theorem prover' de la logique de premier ordre, mais sa nature compliquée fait qu'il est peu probable qu'un tel 'theorem prover' réalise l'efficacité appropriée. Pour faire face à la complexité de la sémantique, on a besoin d'axiomes supplémentaires . Par exemple, des axiomes supplémentaires sont nécessaires pour décrire le comportement des prédicats réifiés, ou des axiomes reliant les fonctions des connecteurs aux connecteurs de la logique.

Exemple 2.4.7. *HOlds* $(p \wedge q\,;\,t) \iff HOLDS\ (p\,;\,t) \wedge HOLDS\ (q\,;\,t)$.

Il y a deux possibilités pour introduire ces axiomes :

– construire des axiomes supplémentaires dans le 'theorem prover'

– ajouter simplement l'ensemble d'axiomes à chaque base de connaissance construite.

Le deuxième choix est plus simple, mais inefficace.

Les logiques réifiées temporelles sont une tentative pour obtenir une puissance expressive plus élevée que celle de la méthode d'arguments temporels. La quantification des propositions réalise une expressivité plus élevée pour représenter la connaissance temporelle générale.

2.4.2.4 Critiques sur l'Approche Réifiée

Bacchus, Tenenberg et Koomen [Bacchus, 91] affirment que l'approche des Arguments Temporels est plus expressive que plusieurs autres approches connues, elle peut être suffisante à beaucoup d'applications en IA. Haugh [Haug, 87] fait la même affirmation. Il définit la méthode des Arguments Temporels comme étant l'utilisation d'un argument temporel dans tous les prédicats et cela afin d'établir les références temporelles. Les prédicats sont des propriétés ordinaires et des relations (comme : est rouge, est plus lourd que, ...), ce qui est exclus dans l'approche réifiée.

Haugh propose une logique du premier ordre avec des arguments temporels où dans la syntaxe et la sémantique, la classification des prédicats est selon leurs occurrences temporelles. Dans le langage est défini également un prédicat d'existence. En développant

46

une sémantique temporelle incluant ces éléments, Haugh affirme fournir les bases de la validité et de la complétude. L'expressivité est une des limitations de cette approche. Pour représenter la causalité, Haugh utilise les termes logiques pour bénéficier de sa puissance expressive. La critique qui a été faite à ces logique est l'absence de complétude et de la validité.

Galton [Galdon, 87] soutient que la réification est "un problème philosophique et techniquement inutile "et propose une approche pour 'déréifier' les théories réifiées en utilisant l'approche de Davidson [Davidson, 67], une approche semblable à celle du Calcul des événements[Kowalsky et Sergot, 86]. L'idée est d'introduire des éléments appelés *tokens* dans une logique du premier ordre. Ces éléments relient une expression atemporal à un instant particulier.

Exemple 2.4.8. : *HOLDS(lire (Lyna ; article) ; $time_k$) est réécrite :*

$\exists\ e.lire\ (Lyna\,;\ article) \wedge HOLDS\ (e, time_k)$

Il affirme que l'expressivité des approches réifiées - Allen, McDermott-peut être réalisée en introduisant simplement des *tokens* sur lesquels il faut appliquer les prédicats de vérité. Il propose de quantifier les *tokens*. Dans les travaux de Galton, la représentation de la causalité n'est pas très claire ainsi que la représentation de l'expression " les effets ne précèdent jamais les causes ".

Vila et Reichgelt [Vila et Reichgelt, 93] ont proposé une *Tokens logique* réifiée basée sur l'introduction des *tokens*, ils prétendent réaliser ainsi l'expressivité voulue. Cette logique est basée sur réification complète des *tokens* en introduisant des noms "qui ont un sens" pour les *tokens*.

Ce qui permet d'exprimer les propositions sur tous les tokens qui rencontrent une certaine condition. Cela fournit le pouvoir expressif nécessaire ainsi qu'une notation plus réduite.

Exemple 2.4.9. *(Lyna a lu l'article durant un certain temps) est exprimé par :*

$HOLDS\ (\ lire\ (Lyna\,;\ article\,;\ temps)).$

Le temps est à présent un argument de la proposition *lire*, il est interprétée comme une fonction qui devient un token. On peut quantifier les arguments de la proposition 'lire' ainsi que la proposition entière .

Une relation causale est définie d'un token à un autre.

Exemple 2.4.10. *" Quiconque lira la revue, sera fatiguée" est exprimée par :*

$\exists$ *I ; time$_1$.* $\exists$ *time$_2$.Cause (lire(lyna ; I ; time$_1$) ;fatigué (I ; time$_2$)).*

L'expression " les effets ne précèdent jamais les causes " sera représentée par :

$\forall$ *e, s.* Cause(*e, s*) $\Longrightarrow$ *begin*(e) < *begin*(s)

2.4.2.5 Ontologie du temps

Tout formalisme TR établit une relation entre des propositions atemporelles et une référence temporelle. Une référence temporelle est composée d'un ensemble d'éléments temporels liés par une relation ou un ensemble de relations temporelles. Les éléments temporels sont des points de temps ou des intervalles. Après avoir choisi les éléments primitifs, on donne une structure à cette ontologie en définissant des axiomes pour décrire le comportement des relations temporelles. Le temps peut avoir les propriétés suivantes : temps discret, dense, limité, illimité, linéaire, branchement, parallèle, circulaire, etc...

La complexité dépend de la structure du temps indépendamment du formalisme logique [Halpern et shoham, 86], [Bacchus, 91]

De plus, dans la plupart des approches sur TR en *IA*, les chercheurs font une analyse des occurrences temporelles des propositions et proposent de classifier les propositions selon leurs occurrences . Les différentes classes sont appelées Entités Temporelles.

2.4.2.6 Primitives temporelles

Dans les ontologies, on trouve comme primitives temporelles :

– Les instants ou points de temps,

– Les périodes ou intervalles de temps,

– Les points de temps et les intervalles ou éléments de temps.

Les instants ont été utilisés dans les premières représentations du temps comme le Calcul situationnel [McCarty et Hayes, 69], les Chronos de Bruce [Bruce, 72] ou dans le Time Spécialist [Kahn et Gorry, 77]. McDermott a également choisi les instants comme primitives temporelles [McDermott, 82]. Allen [Allen, 83] considère que les éléments de base du temps sont les intervalles. Il définit un système de manipulation d'intervalles dans un cadre temporel ordonné. Les approches de McDermott et Allen seront présentées dans le chapitre 5

2.4.2.7 Changements et causalité

Changement : Les concepts du changement et du temps sont profondément connexes. Russell [Russel, 13] définit le changement comme la variation de la valeur de vérité entre une proposition dépendant d'une entité et d'un instant t et la proposition qui dépend de la même entité et d'un instant t'. Dans le calcul situationnel le changement n'est pas défini comme la variation sur une proposition mais plutôt comme une description complète du monde dérivant d'un autre. La plupart des approches se sont inspirées de l'idée de Russell et ont défini le changement localement , changement de valeur de vérité d'une ou d'un ensemble de propositions. Une autre caractéristique importante du changement , il est discret ou continu. La représentation du changement continu a été un objectif important de plusieurs articles[McDermott82], [Galton, 87], [Shanahan, 90].

Causalité

La représentation de la causalité est un problème important pour raisonner sur le changement. En général, les changements sont exprimés par des relations causales. Le diagnostic consiste à déterminer les causes d'un ensemble de résultats. Dans la planification, les actions sont importantes parce qu'elles causent des effets. La représentation de la causalité joue un rôle important dans l'évaluation de l'expressivité d'une logique temporelle.

Dans la plupart des approches du raisonnement temporelle, la causalité est représentée par des prédicats causaux définis sur des entités temporelles. Les prédicats sont défini pour représenter des relations causales entre les entités : un événement cause un autre événement, un événement cause un fait, un agent cause un événement, une action cause une autre action , etc...

Allen introduit le prédicat $ECAUSE$, l'expression :

$ECAUSE(event_1, time_1, event_2, time_2)$

exprime qu'un événement $event_1$ cause un événement $event_2$. Les contraintes sur leur occurrence temporelle sont exprimées en se référant aux instants $time_1$ et $time_2$.

Dans le calcul des événements [Kowalsky et Sergot, 86], Kowalski et Sergot ont introduit les prédicats $Initiates$ et $Terminates$ pour représenter implicitement un événement causant un fait dans le futur et le passé respectivement. La causalité est symétriquement représentée au futur et au passé. On peut imaginer des prédicats plus complexes comme $project$ défini dans [Dean et McDermott, 87] :

$(project\ antecedent\_\ conditions\ trigger\_\ event\ delay\ consequent\_\ effect\ duration)$

exprime que si un événement de type déclenchement-événement se produit, et des antécédent-conditions sont vraies dans tout l'intervalle lié à cet événement de déclenchement, alors un fait de type conséquence se produit après le déclenchement de l'événement dans un intervalle de temps déterminé par un retard et pendant une certaine durée.

Toutes les approches sur le raisonnement du changement et de l'action ont rencontré les même problèmes de représentation. Particulièrement la représentation d' un événement causant un fait. McCarthy et Hayes [McCarthy et Hayes, 69] se sont rendus compte qu'on ne peut pas tout déduire d'une situation résultant d'une action effectuée dans une situation antérieure, sans avoir un grand nombre d'axiomes de la forme ($fact_i$ ne change pas dans cette transition de situation). C'est ce qu'on appelle le Frame problem

2.4.2.8 Frame problem

Le frame problem consiste à représenter les changements dus à une inférence (même ce qui demeure inchangé doit être représenté) . L'idéale est de déterminer une représentation capable expliquer correctement tout comportement intéressant de façon efficace, et sans tout expliciter. Considérons par exemple l'action 'commencer-écrire' effectuée par Lyna. On peut la formaliser en utilisant une représentation qui exprime les conditions à satisfaire afin d'effectuer cette action.

Exemple 2.4.11. *' avoir un micro pour écrire' , 'avoir du temps libre pour écrire' et une conséquence de ceci ' Lyna sera en mouvement'*

Spécifier tous les états possibles est appelé problème de qualification.

Exemple 2.4.12. *1. Lyna veut commencer à écrire,*

2. Lyna a assez d'énergie pour écrire,

3. Lyna n'a pas changé d'avis en ce qui concerne l'écriture du papier.

Le problème de ramification consiste à représenter tout ce qui change.

Exemple 2.4.13. *1. les mains de Lyna bougent (sont en mouvement) ",*

2. les yeux de Lyna bougent (sont en mouvement) "

Représenter ce qui ne change pas dans un monde dynamique est appelé Frame Problème

Exemple 2.4.14. *1. La chaise sur laquelle est assise Lyna ne bouge pas.*

2. La robe de Lyna est toujours blanche.

Les solutions à ces problèmes exigent une certaine compétence dans le raisonnement non monotone.

2.4.2.9 Logique temporelle non monotone

La première approche sur le raisonnement temporel qui a essayé de fournir une solution à ces problèmes a été la logique de McDermott's. McDermott introduit la notion de persistance à l'aide du prédicat $persist(s, p, r)$ qui signifie que le fait p est persistant à partir de s avec une durée de vie r. Ce prédicat est vrai si p reste vrai jusqu'à ce que le délai r se termine ou que p cesse d'être vrai. Cette notion introduit une certaine forme de non monotonie. Il suppose , par défaut, que le fait reste vrai pendant la durée r depuis l'état s. Si dans un état s' appartenant à la durée de vie,p est faux, il déduit que l'événement 'que p cesse d'être vrai 's'est produit entre s et s'.

Beaucoup de travaux ont été effectué pour formaliser ces concepts. Le 'Yale Shooting Problem (YSP) '[Hanks et McDermott, 87] a illustré que les logiques non monotones classiques (circonscription, logiques de défaut, etc...) ont donné de mauvais résultats dans le cas temporel.

Il existe également un axiome qui indique que ce qui n'est pas affecté par une action persiste durant l'exécution de l'action. A présent que le pistolet soit tiré, Fred est -il vivant ? Le YSP peut être formalisé comme suit :

Exemple 2.4.15. $HOLDS(alive(fred), loaded(gun)\,;\,S_1)$

$\forall\ HOLDS\ (loaded(gun)\,;\,S)\implies HOLDS\ (\neg\ alive\ (fred)\,;\,Result(shooting,\,S))$

$S_2\ =\ Result\ (wait,\,S_1)$

$S_3\ =\ Result\ (shooting,\,S_2)$

$HOLDS\ =\ (alive\ (fred)\,;\,S_3).$

La réponse intuitive serait que Fred est soit mort soit vivant (normalité). Les systèmes non monotones classiques auraient seulement conclut que Fred est mort ou que le pistolet a été déchargé avant l'exécution de l'action .En général, ils admettraient plusieurs possibilités, alors qu'intuitivement certaines d'entre elles sont plus probables. On peut surmonter ce problème en introduisant un critère qui exprime la préférence de certaines conclusions. Plusieurs solutions ont été suggérées basées sur la minimisation en utilisant un critère basé sur l'information temporelle (point de vue de la circonscription , la logique de persistance , la minimisation chronologique, normalité).

La minimisation chronologique consiste à retarder autant que possible l'occurrence d'anomalies. D'autres approches ont été étudiées dans ce sens, minimisation d'anomalies, en proposant des critères basés sur l'information causale [Lifschitz, 87],[Haugh, 87].

Le fait de considérer explicitement le temps induit une nouvelle dimension de non monotonie. Nous pouvons considérer l'extension temporelle de la validité des propositions. Les suppositions, qui sont à l'origine de la non monotonie, peuvent être considérées également sur ces extensions temporelles. Le changement de valeurs de vérité d'une proposition ou de son extension temporelle peut affecter l'extension temporelle de la vérité de la proposition relative.

Par exemple, si on sait que Lyna a commencé à lire la revue, on peut alors supposer qu'elle lira durant environ une heure. Mais si, soudainement, un appel téléphonique l' empêche de lire, alors la période que nous avons estimé est réduite.

Un fait f (appel téléphonique) incompatible avec un fait f_1 (lire la revue), empêche l'obtention d'un autre fait f_2 (lecture durant une heure). Ceci nécessite un procédé pour réviser les suppositions faites sur l'extension temporelle de f_1 en surveillant l'extension temporelle de f.

2.5 Conclusion

Dans ce chapitre, nous avons présenté les formalismes les plus connus dans le domaine de la représentation de la connaissance. Le raisonnement monotone et ses limitations, le raisonnement non monotones et son inadaptation au temps ainsi que le raisonnement temporel et ses carences. Nous reviendrons aux principales logiques temporelles dans le chapitre 5. Dans le chapitre suivant, nous présentons un autre formalisme de la représentation de la connaissance, un formalisme basé sur la logique de description.

Chapitre 3

Logiques de Description et Formalismes d'action

3.1 Logiques de description

3.1.1 Introduction

Les recherches dans le domaine de la représentation de la connaissance et du raisonnement se concentrent toujours sur les méthodes qui donnent une bonne description dans le domaine où elles peuvent être utilisées pour construire des applications intelligentes Par applications intelligentes, on fait allusion à des systèmes capables de trouver des conséquences implicites à des connaissances représentées explicitement.

Les logiques de description (Dls)sont une famille de langages de représentation de connaissances qui exploitent, en général, des sous-ensembles décidables de la logique de premier ordre. L'objectif principal des Dls consiste à pouvoir raisonner efficacement pour minimiser les temps de réponse.

Ce sont des formalismes logiques de représentation qui se distinguent des Réseaux Sémantiques et représentations à base de Frames par leur sémantique formelle basée sur la logique.

Les logiques de description décrivent les concepts d'un domaine en utilisant des concepts atomiques, correspondant à des prédicats unaires, et des rôles atomiques, correspondant à des prédicats binaires et décrivant les relations entre les objets / concepts du domaine. Les rôles sont spécifiés à l'aide de constructeurs fournis par le langage formel des logiques de description.

Dans ce chapitre, nous donnons un aperçu de ce que sont les logiques de description et leurs applications dans différents domaines, nous citons ensuite les différents travaux sur l'intégration des Dls dans les formalismes d'action .

3.1.2 Origines des logiques de Description

Les Logiques de Description (DLs) ou logiques terminologiques sont une famille de langages de la représentation de la connaissance qui peut être utilisée pour représenter la connaissance d'un domaine d'application par un moyen clair, formel et structuré. Le nom Logiques de Description est motivé par le fait que, d'une part, les notions importantes du domaines sont décrites par des expressions construites par des concepts atomiques (prédicats unaires) et des rôles atomiques (prédicats binaires) utilisant des constructeurs de rôle et de concept. Les Logiques de Description diffèrent de leurs prédécesseurs, tels que Réseaux Sémantiques et Frames, étant donné qu'elles sont équipées d'une logique formelle basée sur des sémantiques. On distingue trois générations de systèmes [Brachman et Schmolze, 85], [Woods et Schmolze, 92].

3.1.2.1 Systèmes de logique de Pré-description

L'ascendant des systèmes de Logiques de Description est le KL-One. [Brachman et al, 91]. Le langage KL-One est considéré comme racine de la famille entière des langages. Les réseaux sémantiques qui sont à l'origine du langage KL-One, ont été introduits dans les années 66 comme une représentation des concepts fondamentaux des mots anglais, et devint un type populaire de structures pour représenter une large variété de concepts des applications en Intelligence Artificielle. Des idées importantes ont été développées :

  – Les noeuds et liens pour représenter les concepts et les relations,

– Les réseaux hiérarchiques avec héritage des propriétés, etc ...

Le langage KL-One a introduit la plupart des notions clés des Dls :

– La notion de concepts et de rôles

– Les notions de ' valeur de restriction' et le 'nombre de restriction' qui jouent un rôle important dans l'utilisation des rôles dans la définition des concepts et,

– L'inférence de la subsomption et la classification.

KL-ONE est basé sur la subsumption de termes : c'est un système à héritage structuré et il est à l'origine d'une famille de langages dont : KL-Two, Krypton, Loom, Kandor, Back, Nikl, Classic et Kriss.

3.1.2.2   Systèmes de logique de description

Les derniers pré-Logiques de Description proviennent directement de KL-One qui lui même est un résultat direct d'analyses formelles. Les systèmes de Logiques de Description qui suivront comme future génération proviendront plus de recherches théoriques sur les logiques de terminologie que de conséquences d'examen de KL-One et d'autres derniers systèmes. Les résultats ultérieurs sur les compromis entre l'expressivité du langage de la logique de description et la complexité de raisonner avec, et plus généralement, l'identification de la source de complexité dans les systèmes de Logiques de Description, ont montré le besoin d'une sélection des concepts du langage. Les services de raisonnement fournis par le système sont profondément influencés par les concepts fournis par l'utilisateur. On peut distinguer trois approches pour l'implémentation des services de raisonnement :

– La première peut être considérée comme 'limitée et complète' ou encore comme des systèmes qui sont étudiés par restriction de l'ensemble des concepts de telle sorte que la subsomption puisse être calculée efficacement, possible en temps polynomial. Le système Classic est un exemple de ce genre d'approche.

– La seconde approche désignée comme expressive et incomplète, puisque l'idée est de fournir un langage expressif et un raisonnement efficace. L'inconvénient est cependant que l'algorithme de raisonnement s'avère être incomplet dans ces systèmes. Un exemple de ce genre de système est le système Loom.

– Dans la troisième approche nous avons les systèmes caractérisés comme étant expressifs et complets. Ils ne sont pas efficaces comme ceux des approches précédentes.

3.1.2.3 Systèmes de logique de description actuels

Dans les années 90, une nouvelle classe d'algorithmes est apparue : les algorithmes de vérification de satisfiabilité à base de tableaux (tableau-based algorithms). Ces derniers raisonnent sur des Dls expressives en temps exponentiel. En pratique, le comportement des algorithmes est souvent acceptable [Baader et al., 03]. L'expressivité a ouvert la porte à de nouvelles applications telles que le Web sémantique [Baader et al., 03].

3.1.3 Introduction aux logiques de description

3.1.3.1 Introduction

Un système à base de connaissances est un programme capable de raisonner sur un domaine d'application pour résoudre un certain problème, en utilisant des connaissances relatives au domaine étudié. Les connaissances du domaine sont représentées par des entités qui ont une description syntaxique à laquelle est associée une sémantique. Il n'existe pas de méthode universelle pour concevoir de tels systèmes, mais un courant de recherche très actif s'est développé, qui s'est nourri d'études effectuées sur la logique des prédicats, les réseaux sémantiques et les langages de frames, a donné naissance à une famille de langages de représentation appelés logiques de description [Nardi et Brachman, 02]. Dans le formalisme des logiques de description, un concept permet de représenter un ensemble d'individus, tandis qu'un rôle représente une relation binaire entre individus. Un concept correspond à une entité générique d'un domaine d'application et un individu à une entité particulière, instance d'un concept. Concepts, rôles et individus obéissent aux principes suivants :

- Un concept et un rôle possèdent une description structurelle, élaborée à partir d'un certain nombre de constructeurs. Une sémantique est associée à chaque description de concept et de rôle par l'intermédiaire d'une interprétation. Les manipulations opérées sur les concepts et les rôles, sont réalisées en accord avec cette sémantique.

- La modélisation des connaissances d'un domaine avec les Dls se réalise en deux niveaux. Le premier, le niveau terminologique ou TBox, décrit les connaissances générales d'un domaine alors que le second, le niveau factuel ou ABox, représente une configuration précise. Une TBox comprend la définition des concepts et des rôles, alors qu'une ABox décrit les individus en les nommant et en spécifiant en terme de concepts et de rôles, des assertions qui portent sur ces individus nommés. Plusieurs ABox peuvent être associés à une même TBox; chacune représente une configuration constituée d'individus, et utilise les concepts et rôles de la TBox pour l'exprimer.

- La relation de subsomption permet d'organiser les concepts et les rôles par niveau de généralité : intuitivement, un concept C subsume un concept D si C est plus général que D au sens où l'ensemble des individus représentés par C contient l'ensemble des individus représentés par D. Une base de connaissances se compose alors d'une hiérarchie de concepts et d'une hiérarchie de rôles.

- Les opérations qui sont à la base du raisonnement terminologique sont la classification et l'instanciation [Schmolze et Lipkis, 83]. La classification s'applique aux concepts, le cas échéant aux rôles et permet de déterminer la position d'un concept et d'un rôle dans leurs hiérarchies respective. La construction et l'évolution de ces hiérarchies sont aussi assistées par le processus de classification. L'instanciation permet de retrouver les concepts dont un individu est susceptible être une instance.

3.1.3.2 Les bases des logiques de descriptions

Les ensembles de base définis et manipulés dans une logique de description sont les concepts et les rôles[Napoli, 97], [Baader, 03]. Un concept dénote un ensemble d'individus et un rôle dénote une relation binaire entre individus. Un concept possède une description structurée qui se construit à l'aide d'un ensemble de constructeurs introduisant les rôles associés au concept et les restrictions attachées à ces rôles. Les restrictions portent généralement sur les co-domaines du rôle, qui est le concept avec lequel le rôle établit une relation, et la cardinalité du rôle, qui fixe le nombre minimal et maximal de valeurs élémentaires que peut prendre le rôle. Les valeurs élémentaires sont des instances de concepts ou bien des valeurs qui relèvent des types de bases comme entiers, réels, et chaînes de caractères. Les concepts peuvent être primitifs ou définis. Les concepts primitifs sont comparables à des atomes et servent de base à la construction des concepts définis. A l'image d'un concept, un rôle peut être primitif ou défini et peut posséder une description structurelle, où figurent les propriétés associées au rôle.

- Le constructeur *and* indique qu'un concept est construit à partir d'une conjonction de concepts (qui sont les ascendants du nouveau concept) ,

- le constructeur *all* précise le co-domaine d'une relation,

-Le constructeur *not* exprime la négation,

- Les constructeurs $at-last$ et $at-most$ précisent la cardinalité du rôle auxquels ils sont associés et indiquent respectivement le nombre minimal et le nombre maximal de valeurs élémentaires du rôle.

Si dans un système, il y a moins de pré-conditions que d'actions, on peut déduire que les actions ne peuvent être exécutées. La cardinalité (valeur minimale) du rôle n'étant pas connu, on ne peut alors utiliser les connecteurs at-last et at-most pour représenter ce genre de concept. Pour représenter des concepts du genre : " Dans le système, il y a moins de pré-conditions que d'actions ", nous introduisons un connecteur nouveau, le connecteur ' less'.

Exemple 3.1.1. *: Le concept (système (has (pré-conditions) < (actions)) est représenté par (système (less (pré-conditions, actions))).*

Le dual de l'opérateur less nous permet de représenter des concepts du genre :

Exemple 3.1.2. *" Il y a plus d'étudiants que de PC " . Le concept (has(étudiants) > (PC)) est représenté par : (has (more (étudiants, PC))).*

Ces connecteurs permettent de faire des déductions dans le cas où la cardinalité du rôle auxquels ils sont associés n'est pas connue.

Les caractéristiques associées à un concept primitif sont nécessaires : un individu x qui est une instance d'un concept primitif P possède les caractéristiques de P. Les caractéristiques associées à un concept défini D sont nécessaires et suffisantes : un individu x qui est une instance d'un concept défini D possède les caractéristiques de D, et inversement, le fait qu'un individu y possède l'ensemble des caractéristiques associées à D suffit pour inférer que y est une instance de D. Cette distinction est à la base du processus de classification. Les concepts sont définis de façon déclarative et la mise en place des concepts définis dans la hiérarchie des concepts est effectuée sous le contrôle du processus de classification. Les différentes Dls se distinguent par les constructeurs qu'elles proposent. Plus les Dls sont expressives, plus les chances sont grandes que les problèmes d'inférence soient non décidables ou de complexité très élevée. Par contre, les Dls peu expressives montrent une inaptitude à représenter des domaines complexes.

3.1.3.3 La description des concepts et des rôles : syntaxe

Il existe plusieurs langages de description de concepts et de rôles. Dans ce qui suit, nous introduisons d'abord un langage minimal appelé AL, qui est enrichi progressivement de nouveaux constructeurs. Le langage AL s'appuie sur les langages FL et FL^- présentés ci-dessous, qui sont les langages pour lesquels ont été établis les premiers résultats théoriques sur les Dls. La grammaire de AL est donnée par :

$$
\begin{aligned}
C, D \rightarrow \quad & A| \\
Top| \quad & \top \\
Bottom| \quad & \bot \\
(and\, C\, D)| \quad & C \sqcap D \\
(not\, A)| \quad & \neg A \\
(all\, r\, C)| \quad & \forall r.C \\
some\, r \quad & \exists r
\end{aligned}
$$

Lispiansyntax   Germanysuntax

C et D sont des noms de concepts, A un nom de concept primitif et r un nom de rôle primitif.

- Le constructeur TOP ($\top$) désigne le concept le plus général

- le concept BOTTOM ($\bot$) désigne le concept le moins spécifique.

Intuitivement, l'extension de TOP inclut tous les individus possibles tandis que celle de BOTTOM est vide.

- L'opérateur de conjonction : L'opérateur and ($\sqcap$) permet de définir un nouveau concept qui correspond à une conjonction de concepts définis.

Exemple 3.1.3. *Les concept 'Personne' and 'Maman' donnent un nouveau concept 'Femme'.*

- Le constructeur ($\neg$) correspond à la négation et ne porte que sur les concepts primitifs.

Exemple 3.1.4. *Le concept 'Personne' and 'not Femme' peut être exprimé par : 'Personne $\sqcap \neg$ Femme'.*

Le langage peut être enrichi par

- L'opérateur de disjonction : L'opérateur or ($\sqcup$) permet de définir un nouveau concept qui correspond à une disjonction de concepts définis.

Exemple 3.1.5. *Le concept 'person that are Male or Female' peut être représenté par : Male $\sqcup$ Female.*

- Restrictions de cardinalité : at$-$last et at$-$most précisent la cardinalité du rôle auquel ils sont associés et indiquent respectivement le nombre minimal et le nombre maximal de valeurs élémentaires du rôle. Ils limitent les ensembles de valeurs 'max' et 'min' d'un rôle sur un concept ou un individu.

Exemple 3.1.6. *le concept :($\geq$ 3 hasChild) $\sqcap$ ($\leq$ 2 has FemaleRelative) représente le concept ' un individu ayant au moins 3 enfants et au plus 2 filles'.*

Les connecteurs at-last, at-most et all sont appelés restrictions de rôles.

- L'opérateur de restriction de valeurs universelles : il décrit le genre de remplisseurs (fillers) permis.

Exemple 3.1.7. *Le concept (All children are female) est exprimé par : ' ∀ hasChild Female'.*

- L'opérateur de restriction de valeurs existentielles : il permet d'écrire le concept (personne ayant une fille) comme ' ∃ hasChild Female'.

Remarque : l'intersection de rôles peut donner lieu à un autre rôle.

Exemple 3.1.8. *'hasChild' et 'hasChildFemale' donnent le rôle 'hasDaughter'.*

Le langage $\mathcal{AL} = \{\top, \bot, \neg A, C \sqcap D, \forall r : C, \exists r\}$ peut être enrichi des constructeurs suivants :

- La négation de concepts primitifs ou définis, qui est notée (not C) ou $\neg C$. L'extension correspondante de $\mathcal{AL}$ est

$\mathcal{ALL} = \mathcal{AL} \cup \{\neg\ C\}$.

- La disjonction de concepts, qui est notée $(or\ C\ D)$ ou $C \sqcup D$.

L'extension correspondante de $\mathcal{AL}$ est $\mathcal{ALU} = \mathcal{AL} \cup \{C \sqcup D\}$.

L'extension correspondante de $\mathcal{AL}$ est $\mathcal{ALE} = \mathcal{AL} \cup \{\exists r;\ C\}$.

- La cardinalité sur les rôles est notée $(at - least\, nr)$ ou $\leq nr$, et $(at - most\, nr)$ ou $\geq nr$.

L'extension correspondante de $\mathcal{AL}$ est $\mathcal{ALN} = \mathcal{AL} \cup \{\leq nr, \geq nr\}$.

Les constructeurs $\leq nr$ et $\geq nr$ fixent la cardinalité du nombre de valeurs élémentaires minimale et maximale du rôle auquel ils sont associés.

En particulier, la construction $(\exists r)$ est équivalente à la construction $(\geq 1\, r)$.

- La comparaison de la cardinalité sur les rôles est notée $(r_1\, less\, r_2)$ ou $r_1 < r_2$, et $(r_1 more\, r_2)$ ou $r_1 > r_2$.

Les connecteurs que nous avons défini donnent une nouvelle extension de $\mathcal{AL}$ noté $\mathcal{ALC} = \mathcal{AL} \cup \{r_1 < r_2, r_1 > r_2\}$.

Les constructeurs $r_1 < r_2$ et $r_1 > r_2$ nous permettent de comparer des rôles sans préciser le nombre de valeurs élémentaires minimal et maximal associés à ces rôles.

- La conjonction de rôles, qui est notée $(and\, r_1 r_2)$ ou $r_1 \cap r_2$, les rôles r_1 et r_2 étant primitifs. L'extension correspondante de $\mathcal{AL}$ est $\mathcal{ALR} = \mathcal{AL} \cup \{r_1 \cap r_2\}$.

3.1.4 La description des concepts et des rôles : sémantique

À l'instar de la logique classique, une sémantique est associée aux descriptions de concepts et de rôles : Les concepts sont interprétés comme des sous-ensembles d'un domaine d'interprétation $\Delta^{\mathcal{I}}$ et les rôles comme des sous-ensembles du produit $\Delta^{\mathcal{I}} \times \Delta^{\mathcal{I}}$ Pour un concept $C, C\mathcal{I}$ correspond au sous-ensemble des éléments du domaine $\Delta^{\mathcal{I}}$ qui appartiennent à l'extension de C, et pour un rôle $r, r^{\mathcal{I}}$ correspond au sous-ensemble des couples d'éléments du produit $\Delta^{\mathcal{I}} \times \Delta^{\mathcal{I}}$ qui appartiennent à l'extension de r.

La définition suivante est donnée dans le cadre du langage $\mathcal{ALCNRI}$ et introduit la notion d'interprétation dans les logiques de descriptions.

Définition 3.1.1 (Interprétation). *Une interprétation* $\mathcal{I} = (\mathcal{I}, .^{\mathcal{I}})$ *est la donnée d'un ensemble* $.^{\mathcal{I}}$ *appelé domaine d'interprétation et d'une fonction d'interprétation qui fait correspondre à un concept un sous-ensemble de* $\Delta^{\mathcal{I}}$ *et à un rôle un sous-ensemble de* $\Delta^{\mathcal{I}} \times \Delta^{\mathcal{I}}$, *de telle sorte que les équations suivantes soient satisfaites :*

$$\top^{\mathcal{I}} = \Delta^{\mathcal{I}}$$

$$\bot^{\mathcal{I}} = \varnothing$$

$$(C \sqcap D)^{\mathcal{I}} = C^{\mathcal{I}} \cup D^{\mathcal{I}}$$

$$(\neg C)^{\mathcal{I}} = \Delta^{\mathcal{I}} - C^{\mathcal{I}}$$

$$(\forall r.C)^{\mathcal{I}} = \{x \in \Delta^{\mathcal{I}} / \forall y\,(x,y) \in r^{\mathcal{I}} \rightarrow y \in C^{\mathcal{I}}\}$$

$$(\exists r.C)^{\mathcal{I}} = \{x \in \Delta^{\mathcal{I}} / \exists y\,(x,y) \in r^{\mathcal{I}} \wedge y \in C^{\mathcal{I}}\}$$

$$(\geq nr)^{\mathcal{I}} = \{x \in \Delta^{\mathcal{I}} / |\{y \in \Delta^{\mathcal{I}} / (x,y) \in r^{\mathcal{I}}\}| \geq n\}$$

$$(\leq nr)^{\mathcal{I}} = \{x \in \Delta^{\mathcal{I}} / |\{y \in \Delta^{\mathcal{I}} / (x,y) \in r^{\mathcal{I}}\}| \leq n\}$$

$$(r_1 > r_2)^{\mathcal{I}} = \{x \in \Delta^{\mathcal{I}} / |\{y \in \Delta^{\mathcal{I}} / (x,y) \in r^{\mathcal{I}}\}| > |\{z \in \Delta^{\mathcal{I}} : (x,z) \in r_1^{\mathcal{I}}\}|$$

$$(r_1 < r_2)^{\mathcal{I}} = \{x \in \Delta^{\mathcal{I}} / |\{y \in \Delta^{\mathcal{I}} / (x,y) \in r^{\mathcal{I}}\}| < |\{z \in \Delta^{\mathcal{I}} : (x,z) \in r_1^{\mathcal{I}}\}|$$

3.1.5 Applications développées avec des systèmes de Logiques de description

On distingue plusieurs domaines d'applications, certains incluant software engineering, configuration, médecine, bibliothèques numériques et les systèmes d'Informations basés sur Web. Comme il existe plusieurs autres domaines d'applications où les Dls jouent un rôle important, comme les domaines qui comprennent le Traitement du Langage Naturel et la Gestion des Bases de Données.

3.1.5.1 Le langage naturel

L'utilisation des Dls dans le traitement du langage naturel pour la représentation de la connaissance peut être utilisée pour communiquer le sens des phrases. Cette connaissance est typiquement concernée par le sens des mots (le dictionnaire), et par le contexte c'est à dire une représentation de la situation et du domaine de dialogue. L'expressivité du langage naturel mène aussi à des investigations concernant les extensions des Dls, comme par exemple le raisonnement par défaut. Le travail sur le langage naturel a nécessité la construction d'ontologies.

3.1.5.2 Gestion de bases de données

La relation entre les Dls et les bases de données est plutôt forte. Effectivement, il y a toujours un besoin de construire des systèmes où un système de raisonnement de connaissance basé sur les Dls (DL-KRS) et un système de gestion de bases de données (DBMS) sont présents. Un DBMS se charge de la persistance des données et de la gestion d'une large quantité de ces données, alors qu'un DL-KRS gère la connaissance intentionnelle en gardant la base de connaissance en mémoire (possible comprenant les assertions sur les individus qui correspondent aux données). Les Dls sont équipées d'outils de raisonnement qui peuvent ranimer la phase de modélisation conceptuelle de certains avantages, comparées à des langages traditionnels dont le rôle est limité, concernant la modélisation.

3.1.5.3 Software Engineering

Le Software Engineering est l'un des premiers domaines d'application des Dls. L'idée principale était d'implémenter un système d'information Software ou encore un système qui pourrait aider le développeur du software à trouver une information dans un large système software. Une des applications les plus originales des Dls est le système *Lassie*. Le système *Lassie* a eu un succès considérable mais qui a fini par chuter à cause de la difficulté de la maintenance de sa base de connaissance. L'idée d'un système d'information Software et de l'usage des Dls a survécu comme application particulière et a été ultérieurement utilisée par d'autres systèmes.

3.1.5.4 Médecine

La médecine est aussi un domaine où les systèmes Expert ont été développés depuis 1980. Le besoin de manipuler une large gamme de bases de connaissances (100000 concepts) mène au développement de systèmes spécialisés tel que *Galen*. Le langage *DL* adopté dans ces applications est limité à peu de concepts de base et la base de connaissance s'avère être plutôt superficielle. Comme les applications médicales sont utilisées par des médecins, un langage logique formel n'est pas très convenable, par conséquent une attention spéciale est donnée à l'étude des utilisateurs, en particulier, le traitement du langage naturel est important dans la construction de l'ontologie .

3.1.5.5 Bibliothèques Numériques et Systèmes d'Informations basés sur Web

La relation entre les réseaux sémantiques et les structures liées implicites par hypertexte a motivé le développement des Dl-applications pour représenter l'information bibliographique et pour soutenir la classification et la recherche dans les BN. Ces applications ont prouvées l'efficacité des Dls pour représenter les taxonomies qui sont généralement dans les plans de classification des bibliothèques et ont montré l'avantage de la subsomption pour classifier et rechercher l'information. Dans ces exemples, un certain nombre de questions techniques liées à l'utilisation des individus dans la taxonomie ont motivées l'utilisation de Dls plus expressives. La possibilité de voir le WWW comme un réseau sémantique a été considéré depuis l'avènement du Web lui même. Le but était de construire des systèmes pour questionner le Web 'sémantiquement' permettant à l'utilisateur de poser des questions sur le Web comme s'il existait une base de données, qui plus ou moins parle. Basé sur la relation entre les Dls et les réseaux sémantiques, un certain nombre de propositions ont été développées utilisant les DLs pour modéliser les structures Web, permettant ainsi l'exploitation des capacités du Dl-raisonnement dans l'acquisition et la gestion de l'information.

3.1.6 Conclusion

Les Dls se sont développées pour devenir une clé importante dans l'histoire de la représentation de la connaissance. Les Dls sont responsables de plusieurs notions de base dans la Représentation de la Connaissance et du Raisonnement. L'aspect le plus important du travail sur les Dls a certainement été l'union entre la théorie et la pratique. Dans cette section, nous avons présenté les logiques de descriptions, qui constituent un formalisme de représentation de connaissances caractérisé par les points suivants :

- Un langage qui permet de construire des descriptions conceptuelles qui sont génériques (concepts primitifs et définis) ou individuelles (instances).

- Une sémantique est associée à chaque construction syntaxique par l'intermédiaire d'une interprétation.

-Une relation de subsomption qui permet d'organiser les descriptions par niveau de généralité, et de procéder à des inférences ; cette relation est à la base des processus de classification et d'instanciation sur le plan théorique de la représentation des connaissances.

Les Logiques de Descriptions ne sont pas des formalismes figés et sont suffisamment souples pour accepter l'introduction de nouveaux constructeurs, capable de répondre à des besoins particuliers.

Les Logiques de Descriptions ne sont pas seulement un formalisme théorique réservé aux théoriciens de la représentation des connaissances, la recherche autour des Logiques de Descriptions est très active et a des visées à la fois pratiques et théoriques. Ainsi, la construction de systèmes traitant des problèmes réels est au centre des préoccupations de nombreux travaux de recherches.

Les formalismes d'action tels que le calcul de situation utilisent la logique du premier ordre pour décrire les états du monde, pré et post-conditions des actions. Le raisonnement dans de tels formalismes est n'est pas décidable. Peut-on trouver un formalisme d'action qui offre plus d'expressivité que la logique propositionnelle pour décrire les états du monde, les pré et post-conditions des actions, et pour lequel le raisonnement est décidable ?

3.2 Formalisme d'action et logiques de description

3.2.1 Formalisme d'action

Le formalisme d'action le plus ancien, le calcul de situation (SitCalc), est un langage conçue pour représenter les changements du monde. Il a été présenté la première fois par McCarthy [McCarthy, 63] et élaboré par McCarthy et Hayes [McCarthy et Hayes, 69]. Plusieurs versions ont été proposées, la version standard est celle présentée par Reiter [Reiter, 01]. Formellement, le calcul de situation est basé sur les actions, les situations, et les objets. Une situation est une suite d'actions, constituée d'un symbole constant s_0 représentant la situation initiale, et d'un symbole binaire do : $do(a; s)$ étant la situation obtenue en exécutant l'action 'a' dans la situation 's'. Les propriétés de validité qui dépendent de la situation sont représentées par des prédicats qui ont un paramètre supplémentaire désignant la situation. Exemple : likes (b ; c ; s) exprime " b likes c dans la situation s ".

3.2.2 Intégration des logiques de description dans les formalismes d'action

La communauté scientifique a publié de nombreuses recherches sur l'expressivité des différentes Dls [Nardi et Brachman, 02]. La principale qualité des Dls réside dans leurs algorithmes d'inférence dont la complexité est souvent inférieure à la complexité des démonstrateurs de preuves de la logique de premier ordre [Tsarkov et Horrocks, 03].

Les théories d'action telles que le calcul de situations (SitCalc) et le calcul de fluents font partis de la logique du premier ordre ou d'ordre supérieur. Le raisonnement dans de telles logiques n'est pas décidable.

Il y a deux solutions possibles à ce problème. La première est d'accepter la non-décidabilité et remplacer le raisonnement par la programmation (moyen utilisé par les inventeurs des langages de programmation action-oriented, GOLOG [Levesque et al, 97] et FLUX [Thielscher, 05].

La deuxième approche est de considérer des parties de la théorie d'action, telle que le SitCalc, qui sont suffisamment expressives pour être utilisées dans des applications, et admettre la décidabilité. Ceci suppose qu'on doit choisir entre un formalisme d'actions très expressif mais non décidable, et un formalisme décidable mais propositionnel.

Cette dichotomie a motivé la recherche afin de trouver un compromis entre les formalismes d'actions disponibles. L'étude d'une partie du SitCalc basé sur les logiques de description semble être un bon choix. Les Dls fournissent une expressivité au delà du cas propositionnel tout en maintenant la décidabilité du raisonnement. Les assertions du ABox sont utilisées pour décrire les états du monde, les pré et post-conditions des actions, alors que les TBoxes servent de contraintes d'état.

Ceci peut être considéré comme 'Intégration' des problèmes du raisonnement sur les actions dans le monde des Dls. Dans les formalismes d'action basés sur les Dls, les problèmes de raisonnement importants, tels que la projection, l'exécution, et le problème d'existence de plan, sont décidables.

Dans ce qui suit, nous citons les principaux travaux sur l'intégration des logiques de description dans le formalisme d'action.

Dans les premiers papiers des années 90 sur la représentation des actions dans les logiques de description [Devanbu, Litman 96],[Heinsohn et al, 92], [Artale, Franconi 98], les actions et les plans ont été représentés statiquement comme des concepts de la logique de description. L'accent était sur le raisonnement basé sur la classification, c-à-d., le calcul des relations de subsumption entre les actions et les plans.

Poussé par la nécessité de représenter les plans comme *connaissances* dans le logiciel 'phone switching software', Litman et Devanbu [Devanbu et Litman, 96] ont développé le système **Claps** conçu pour représenter et raisonner sur de grandes collections de descriptions de plan. Dans leur système, les notions de subsumption et de classification sont prolongées des concepts aux plans et aux actions. Les actions sont représentées comme concepts écrits dans le premier Dl-système classique **Classic** au moyen de pré et post-conditions. Les plans sont construits d'actions en utilisant des constructeurs pour exprimer la disjonction, les suites et les itérations des actions.

Dans le système RAT [Heinsohn et al, 92] conçu par Heinsohn et al., construit à partir du premier Dl- système **Kris**, une approche similaire a été suivie, tout en augmentant l'expressivité des pré et post-conditions des actions et en limitant les plans à des séquences d'actions linéaires. Les plans et les actions sont considérés comme des concepts, et leurs instances sont considérés comme des Dl-individus. De plus, plusieurs notions de subsomption entre les actions et les plans sont prises en considération [Devanbu et Litman, 96].

Dans [Artale et Franconi, 98], Artale et Franconi ont proposé une logique de description temporelle dont les concepts peuvent être utilisés pour décrire les actions et les plans. La logique de description temporelle proposée est un hybride entre l'algèbre des intervalles d'Allen et les Dls telles que $_{ALC}$ avec des 'feature agreements'. Les concepts d'action décrivent ce qui est vrai avant et après l'exécution de l'action, alors que des plans sont construits en utilisant les relations temporelles d'Allen pour établir des rapports entre les actions et les états du monde. Les procédures de décision pour la subsomption de concept dans les Dls temporelles proposées peuvent être utilisées pour décider la subsomption entre les actions et les plans. Cependant, aucune solution satisfaisante du frame problem n'est présentée.

Giacomo et al [Giacomo et al, 96] se sont penchés essentiellement sur la représentation et le raisonnement sur les actions. Dans leur proposition, basée sur les logiques de description épistémiques, une distinction est faite entre deux sortes de rôles de la logique de description : les rôles statiques standards et les rôles fonctionnels d'action. Des inclusions de concept (concept inclusions) utilisant un opérateur de la connaissance sont utilisées pour spécifier les pré- et des post-conditions des actions. Ce travail a été prolongé dans [Giacomo 1997] afin de modéliser des 'sensing actions'. Toutefois, le frame problem n'est étudié correctement que pour des 'sensing actions' et négligé pour le 'world altering ones'. Les auteurs ont prolongé le Dl-système **Classic** afin de manipuler les opérateurs épistémiques et ont même développé un robot mobile avec un support de planification.

Baader et al [Baader et al, 05]proposent un formalisme d'action dans lequel l'état du monde, les pré et post-conditions d'une action sont également décrits en utilisant des Dl-concepts. Le formalisme proposé peut être considéré comme une partie du calcul de situation et hérite ainsi de la solution du Frame problem. Une étude détaillée est faite sur le choix de la Dl et la façon dont ce choix influence la complexité de l'exécution et de la projection dans le formalisme d'action correspondant. Le formalisme d'action proposé par Baader et al n'est pas limité à une DL particulière. Cependant, pour des résultats de complexité, ils considèrent la DL $\mathcal{ALCQIO}$ et un certain nombre de ses sous langages. Ils affirment qu'il existe un compromis décidable entre les théories d'action du premier ordre.

Ils considèrent également quelques extensions du formalisme de base et précisent certains problèmes rencontrés dans ces extensions. En particulier,ils prouvent qu'admettre des post-conditions plus puissantes mène à la non décidabilité.

Liu et al [Liu et al, 06]ont considéré le problème des mise à jour des ABoxes dans le cas de changement d'état. Ils ont supposé que les changements sont décrits à un niveau atomique.

Dans [Gu, Soutchanski, 07], Gu et Soutchanski considèrent une partie décidable du SitCalc basé sur $C2$, une partie à deux variables de la logique du premier ordre avec quantificateurs. Ils supposent que les changements arrivent au un niveau atomique. La logique $C2$ est plus expressive que certaines logiques de description. Son expressivité correspond à celle de la logique de description $\mathcal{ALCQIO}$ prolongé avec des inclusions de rôle et des opérateurs Booléens sur les rôles. Ils utilisent les travaux de Reiter [Reiter, 01] pour montrer la décidabilité de la projection et de l'exécution.

Milicic [Milicic, 08] a présenté un travail de base sur l'intégration des logiques de description dans les formalismes action. Il a introduit des formalismes d'action basé sur les logiques de description et a étudié les problèmes de raisonnement standard : l'exécution et la projection, ainsi que le problème d'existence de plan. Dans ces formalismes d'action, les assertions d'ABox sont utilisées pour décrire les états du monde ainsi que des pré-et post-conditions des actions.

Liu [Liu, 10] a étudié les mises à jour des ABoxes en DLS et analysé leurs comportement. La motivation principale de son travail est d'établir les fondements théoriques de la progression de la théorie de l'action basée sur les Dls et de fournir un soutien pour le raisonnement sur les Dl-actions. Il a présenté quatre formes de mises à jour des ABoxes : mises à jour logique, mises à jour approximative, mises à jour projective, et mises à jour approximative projective. Il a présenté deux algorithmes pour la logique $\mathcal{ALCQIO}^{@}$ et ses parties : l'un consiste à calculer les mises à jour logique et l'autre à calculer les mises à jour projective.

3.2.3 Conclusion

Dans ce chapitre, nous avons donné un aperçu de ce que sont les logiques de description. Nous avons introduit deux connecteurs nouveaux qui nous permettent de faire des déductions dans le cas où la cardinalité du rôle auxquels ils sont associés n'est pas connu. Ces connecteurs nous ont permis d'étendre la logique de description $\mathcal{AL}$. Nous avons ensuite citer les différents travaux sur l'intégration des Dls dans les formalismes d'action.

Chapitre 4

Causalité et raisonnement causal

4.1 Introduction

La notion de cause est couramment utilisée dans la vie courante, nous attribuons fréquemment aux personnes et aux objets un pouvoir causal par rapport aux événements.

Les êtres humains utilisent leurs connaissances sur les relations de type cause/effet pour raisonner sur des situations courantes de la vie et prendre des décisions qui déterminent le plus souvent le choix d'actions à effectuer pour atteindre des effets désirables mais aussi pour éviter des effets indésirables.

La causalité est un principe philosophique selon lequel tout phénomène a une cause. Le débat philosophique sur la causalité remonte à l'antiquité et n'a pas abouti à un consensus [Sosa et Tooley, 93] [Kistler,99] [Kistler, 04].

La science classique a formulé le même principe, à chaque cause correspond un effet.

En physique, le principe de causalité affirme que si un phénomène (nommé cause) produit un autre phénomène (nommé effet), alors l'effet ne peut précéder la cause. A ce jour, l'expérience n'a pas mis en défaut ce principe mais certaines théories envisagent une causalité inversée ou rétro-causalité qui affirme la possibilité qu'une cause future ait un effet au passé.

Le principe de causalité est au coeur de tous les raisonnements, mis en oeuvre dans toutes les expériences, exploité dans toute démarche scientifique. Le développement scientifique passe par la construction de modèles théoriques permettant de prévoir le comportement des objets du modèle soumis à une ou des causes données.

L'Intelligence Artificielle (IA) est la science dont le but est de faire faire par une machine des tâches que l'Homme accomplit en utilisant son intelligence.

La conception de la causalité adoptée par l'IA est du point de vue formalisation du raisonnement causal.

La logique a souvent été un formalisme utilisé pour représenter les relations causales. Formaliser une phrase causale "p cause q" par l'implication matérielle de la logique classique pose un certain nombre de problèmes [Kleene, 71]. Ce formalisme admet la phrase "si la lune est fromage alors $2+ 2= 4$.

L'implication matérielle ne tient compte ni de l'ordonnancement temporel entre causes et effet, ni de la monotonie du raisonnement causal. Ceci montre les faiblesses de la logique classique à rendre compte de la causalité.

L'IA s'intéresse particulièrement à une conception agentive de la causalité, intimement liée à la notion d'action dont la modélisation doit capter entre autres deux aspects fondamentaux :

- l'aspect temporel au niveau représentatif (la cause doit précéder l'effet) et,

- l'aspect non monotone au niveau fonctionnel des relations causales (un effet doit avoir une cause)

Dans ce chapitre, nous présentons le raisonnement causal du point de vue de l'IA qui ne s'intéresse pas à la nature de la notion de cause elle-même mais plutôt à la modélisation du raisonnement causal.

4.2   Causalité et action

Pour raisonner sur les situations du monde réel et prendre des décisions, les êtres humains utilisent leurs connaissances sur les relations de types cause/effet. Dans ce cas de figure, il s'agit de déterminer, choisir et éventuellement effectuer des actions pour aboutir à des effets souhaités, éviter des effets indésirables, prévenir des changements jugés nuisibles, favoriser des évolutions souhaitées, ou remédier à une situation dommageable.

L'IA s'intéresse à la ' cause sur laquelle on peut agir '. Agir, c'est procéder à l'exécution ou empêchement d'un changement du monde.

En IA, la connaissance du fait que 'a cause b' permet l'utilisation du raisonnement causal dans les trois domaines suivants [Kayser et Lévy, 04] :

-La planification ; étant donné un état initial, déterminer une séquence ordonnée d'actions dont l'exécution nous permet d'atteindre un état final recherché satisfaisant un certain objectif.

- La prédiction : Prédire l'état final d'un système sur lequel sont exercées un certain nombre d'actions et cela en utilisant un ensemble de règles causales.

- Le diagnostic : Déterminer les causes qui ont fait passer un système d'un état initial (état normal) à l'état actuel (souvent état de disfonctionnement). Les inférences partent des effets et arrivent aux causes, elles sont régressives.

Dans les deux premiers cas, elles sont progressives.

Les difficultés rencontrées dans ces trois domaines résident :

- en la longueur de la série d'événements à envisager dans la planification,

- dans l'incomplétude des observations et dans l'enchaînement des effets indirects pour le diagnostic,

- en l'utilisation des inférences régressives pour la prédiction

En ce qui concerne le monde réel, il est impossible de décrire :

- les conditions nécessaires à l'exécution d'une action (qualification) [Ginsberg, Smith, 1988], et

-les effets d'une action (ramification)[Thielscher,97].

La restriction de la causalité à ces trois domaines mène au problème du raisonnement sur les actions, généralement considéré comme un raisonnement non monotone et temporel.

Une conception interventionniste favorise une sélection de causes parmi un ensemble d'actions qu'un agent a la possibilité d'effectuer ou pas (libre arbitre).

La plupart des travaux sur la causalité introduisent des théories d'action comme les prédicats *ecause* et *pcause* de McDermott [McDermott, 82] et l'opérateur *do* de Pearl [Pearl,00]

Parmi les travaux développés sur le concept d'actions, le calcul des situations a le plus marqué la recherche en IA, en particulier le $FrameProblem$.

Le calcul situationnel présentait de sérieuses limitations dus principalement l'inadéquation du traitement du temps et l'incapacité de représenter :

- la durée (une action prend généralement du temps),

- les effets qui ne surviennent pas immédiatement, et

-les effets d'actions concurrentes.

4.3 Modélisation temporelle de la causalité

Les modèles de causalité jouent un rôle fondamental dans la résolution intelligente des problèmes en IA.

La relation de cause à effet est liée à la notion du temps.

Dans la plus simple des modélisations du raisonnement causal, un effet suit toujours temporellement sa cause.

Lorsqu'on affirme que ' a cause b', on ne peut considérer que l'effet b est le résultat de la cause a sans envisager les déroulements temporels dans lesquels a peut se produire.

Le temps ne peut être négligé dans la représentation de la causalité, la question est de trouver une forme qui convient particulièrement à cette représentation.

Nous présentons dans la section suivante des résultats qui se rattachent à la représentation du temps dans le raisonnement causal.

4.4 Causalité et norme

Une norme, du latin norma (" équerre, règle ") désigne un état habituellement répandu ou moyen considéré le plus souvent comme une règle à suivre. Ce terme générique désigne un ensemble de caractéristiques décrivant un objet, un être, qui peut être virtuel ou non. Tout ce qui entre dans une norme est considéré comme " normal ", alors que ce qui en sort est " anormal ". La plupart des travaux récents en IA se sont intéressés aux normes dans leur second sens [Boman, 99],[Dignum et al,02], [McNamara et Prakken 99]. Ils ont conduit notamment au développement de différents types de logique déontique. L'importance de l'idée des normes a conduit durant les années 70 au développement des théories des Frames [Minsky, 74] et des scripts [Schank et Abelson, 77] mais ces recherches n'ont pas été poursuivies par la suite.

Dans l'exemple [Mackie, 74] : Un homme, en allumant sa cigarette, provoque une explosion. La cause de l'explosion dépend du lieu de l'explosion. Dans une cuisine, la cause serait une fuite de gaz due à une négligence ou...mais dans une raffinerie, la cause serait plutôt le fumeur.

Ce sont nos connaissances sur les normes ou encore sur les actions que nous jugeons normales ou non qui font que les réponses soient différentes.

Dans le premier cas, la cause de l'explosion remonte à un fait anormal "négligence ou..." et non au fumeur car il est tout à fait normal que quelqu'un allume une cigarette chez lui. Dans le second cas, la cause revient au fumeur car il est anormal d'allumer une cigarette dans une raffinerie. Dans les deux cas, l'explosion revient à un fait anormal sur lequel on aurait pu agir,on a privilégié la cause qui exprime une violation d'une norme.

"La cause d'un événement normal est la norme elle-même alors que la cause d'un événement anormal est la violation d'une certaine norme".

Dans le cas de plusieurs violations de normes, on a tendance à favoriser une de ces violations comme cause plausible de l'événement anormal. [Kayser et Nouioua, 05] ont choisi la norme dont la violation rend celle des autres normes inévitable.

Par exemple, considérons une situation où un conducteur a perdu le contrôle de son

77

véhicule et a heurté un arbre. Avec ces informations, on considère comme cause du choc la perte de contrôle qui représente une violation d'une norme selon laquelle "chaque conducteur doit garder le contrôle de son véhicule". Cependant, sachant en plus que le conducteur a perdu le contrôle à cause d'une flaque d'huile, on aura tendance à considérer plutôt la présence de l'huile sur la route, qui représente un fait anormal, comme la cause de l'accident qui reflète une violation d'une norme plus spécifique que la norme concernant le maintien du contrôle de son véhicule.

Une meilleure maîtrise du raisonnement causal nécessitera de ce point de vue d'établir un ordre partiel entre les différentes normes régissant le domaine d'étude. Mais cette tâche est extrêmement complexe.

4.5   Chronique et norme

En s'inspirant de [McDermott, 82], [Kayser et Mokhtari, 98], présentent un cadre temporel pour traiter la causalité. Ils utilisent les concepts d'état, de date et de chronique d'une façon similaire à McDermott. En plus de l'ouverture du temps pour le futur, ils considèrent une ouverture pour le passé, donc une possibilité de plusieurs passés. Dans ce cadre une cause est reliée au concept de "libre arbitre".

Ils utilisent comme élément temporel de base 'les point de temps' et montrent que la causalité n'est pas réduite à une simple relation temporelle. Comme modèle de temps, la représentation du choix (actions) suggère l'utilisation d'un modèle avec branchements. Pour représenter le temps, la plupart des approches utilisent des ensembles discrets isomorphes aux entiers, Kayser et Mokhtari préfèrent les réels.

Définition 4.5.1. *Un point de temps t est un état instantané de l'univers défini par un sous-ensemble de propositions vraies à une certaine date et par cette date. Ce sous-ensemble est le résultat d'une relation causale. L'ensemble des points de temps est notée T.*

Une fonction *date* est définie qui associe à tout élément t de T sa date, le projetant ainsi sur l'axe des réels noté d_t.

Définition 4.5.2. *Une ligne de temps l (ou "chronique" selon McDermott [McDermtt82b]) est une succession de points de temps qui est en bijection avec l'ensemble des dates, représentant une évolution de l'univers, considérée comme une connaissance complète des propositions "intéressantes"*

Un point de temps de la succession répond à la règle "il n y a pas d'effets sans cause", c'est donc un résultat d'une relation "cause à effet"

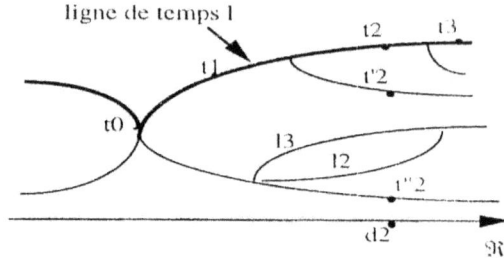

FIG. 4.1 – Structure de branchement

$t_1 < t_2 < t_3$ et $t_1 < t'_2$, t'_2 et t_3 ne sont pas reliés mais $d_{t'_2} < d_{t_3}$ et $d_{t_2} = d_{t'_2}$

Une ligne de temps est un ensemble muni d'une relation de précédence qui est un ordre total, noté $\preceq$.

La relation : $t_1 \prec t_2 =_d t_1 \preceq t_2 \wedge t_2 \npreceq t_1$

exprime la règle générale que "les effets ne précède jamais les causes".

$t_1 \preceq t_2$ signifie que le point de temps t_2 ne précède pas le point de temps t_1.

$t_1 \prec t_2$ signifie que t_1 précède strictement t_2.

L'ordre défini sur les points de temps est compatible à l'ordre défini sur les réels :

$t_1 \prec t_2 \supset d_{t_1} \prec d_{t_2}$.

L'ordre défini vérifie la propriété de densité :

$(\forall l, t_1, t_2)\ (t_1, t_2 \in l) \wedge t_1 \prec t_2 \supset (\exists t_3)\ t_1 \prec t_3 \prec t_2$.

Postulats

- Deux ensembles de propositions égaux vrais à la même date déterminent un seul point de temps.

-Un point de temps t appartient à une ligne de temps $L : \forall t\ t \in T \supset \exists l\ l \in L \wedge t \in l$.

Les points de temps associés aux actions sont appelés points de choix. Vue que les actions n'ont pas toujours lieu (choix de l'agent : libre arbitre, ou conditions non réunies : qualification de l'action), le choix des structure est sous forme de branchement dans le futur[McDermott 82].

Le cas où deux événements différents mènent à une même situation, donne une ouverture du passé [Shoham89].

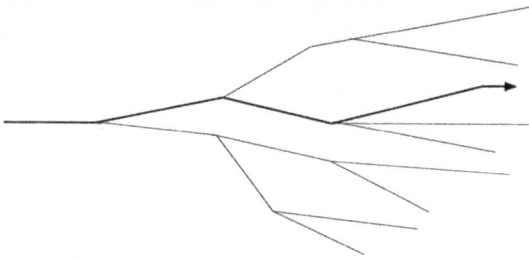

FIG. 4.2 – Temps ramifié : un seul passé, plusieurs futurs

Remarques :

- Deux point de temps appartenant à deux lignes de temps différentes peuvent avoir la même date (deux actions exercées en un même temps).

- Deux lignes de temps peuvent se joindre en un point futur (action sans effet à moyen terme)

Le langage proposé se compose de deux niveaux :

- d'un langage propositionnel, pour représenter des informations statiques, constitué d'un ensemble P de propositions, un sous-ensemble A de P dont les éléments sont des actions et d'un sous-ensemble E de P dont les éléments sont des effets (faits, événements,

...). Les ensembles A et E forment une partition de P, donc la composition des actions et des événements n'est pas une formule du langage.

- le second niveau pour représenter des informations dynamiques constitué de prédicats avec une variable temporelle :

Le prédicat $V(p, l, d_t)$ signifie que la formule p est vraie dans la ligne de temps l à la date du point de temps t.

Le prédicat $Nocc(p, l, d_t, \Delta)$ exprime le fait que p n'est jamais vrai dans la ligne de temps l depuis la date de l'état temporel t, durant le délai Δ.

Les actions peuvent causer des événements, faits ou autres. Pour éviter les différents types de causes telles que "Ecause" et "Pcause" de McDermott [McD82] et "Ecause" et "Acause" de J.Allen [All84], Kayser et Mokhtari ne distinguent pas entre les objets.

Le langage est enrichi de deux opérateurs :

- Le premier noté $\longrightarrow$; signifie "implique dans tous les cas". La formule $a \longrightarrow \Delta(e)$ exprime que l'action a implique strictement (dans tous les cas) l'événement e. C'est un opérateur utilisé dans le cas où une action a implique un effet (événement) e après un délai Δ indépendamment de la ligne de temps et du point de temps.

-Le second opérateur noté $\Longrightarrow$ signifie "implique normalement".

La formule $a \Longrightarrow \Delta(e)$ exprime que l'action a cause e dans un ensemble de mondes normaux , son interprétation nécessite des suppositions que la logique développée jusqu'à présent ne peut représenter, il faut donc une extension pour résoudre des problèmes inhérents à la théorie de l'action.

La normalité du déroulement des événements est traitée à l'aide de la définition d'un sous-ensemble de lignes de temps préférées [Delgrande, 88].

Les problèmes sont :

- les pré-conditions ou qualifications de l'action qu'il est raisonnable de supposer vérifiées lorsqu'une action a est exécutée,

- les effets éventuels d'autres actions qui peuvent inhiber ceux de l'action a ou obstacles d'actions, et

- la persistance de certains événements qui restent vraies pendant un certain délai, sauf si un événement externe les rend faux.

La résolution de ces problèmes nécessite un raisonnement non monotone.

4.6   Non monotonie et causalité

Dans l'approche de Kayser et Mokhtari, le problème de prémices implicites n'est pas considéré comme un problème temporel mais un simple problème d'organisation de connaissances. Pour résoudre ce problème, ils supposent l'existence d'une norme pour les actions.

Formellement, une norme pour les actions est définie comme une fonction qui à une action a associe toutes ses préconditions :

$norme : A \longrightarrow 2^P$

$norme(a)$ désigne un sous-ensemble de P contenant les propositions qui doivent être vraies pour que l'action a puisse être exécutée.

Dans l'exemple sur l'action de frotter une allumette, la norme contient les informations (prémices implicites)suivantes :

- il y a de l'oxygène dans l'air,

- l'allumette n'est pas mouillée,

-etc...

Pour prendre en compte le cas où un événement e inhibe l'effet d'une action a, une fonction *inhibe* est définie, à tout effet e et sa cause a associe tous les événements capables de l'inhiber.

$inhibe : E \times A \longrightarrow 2^E$

$inhibe(e, a)$ est un sous-ensemble de E, un élément e' de $inhibe(e, a)$ inhibe l'effet e de l'action a ssi e' apparaît durant le délai où e devrait devenir vrai suite à l'exécution de l'action a, e n'est plus vrai dans tous les futurs préférés.

Dans [Mokhtari, 94b], une approche plus restreinte est proposée sans laquelle il n'est pas normal d'inhiber l'effet d'une action après son exécution, donc il ne peut y avoir d'inhibation dans une ligne de temps préférée.

Deux lignes de l_1 et l_2 coincident jusqu'au point de temps t si et seulement si elles partagent les mêmes états antérieurs à t.

Définition 4.6.1. *L'ensemble des lignes de temps préférées de la ligne l à la date d_t noté $L_p(l, d_t)$ est défini comme étant une fonction :*

$L_p : L \times \mathbb{R} \longrightarrow 2^L$ *telle que :*

$(\forall l')$ $(l' \in L_p(l, d_t) \supset$ coincide $(l, l', t))$.

La fonction L_p associe à toute ligne l et toute date d'un état t, l'ensemble des lignes préférées pour l. Toute ligne préférée pour l coincide avec l jusqu'à t.

Cela permet de déterminer le futur à partir du passé.

L'expression $a \longrightarrow e$ [Δ] signifie que l'effet e se produit toujours après l'occurrence de l'action a indépendamment des conditions d'exécution de celle-ci. L'action a est pertinente pour l'effet e car en son absence, e n'est pas garanti.

L'expression $a \Longrightarrow e$ [Δ] signifie que si l'action a se produit sous des conditions normales, alors l'effet e se produira au bout du délai Δ dans tous les futurs préférés.Si l'action a n'est pas exécutée, alors il existe au moins un futur préféré dans lequel l'effet e ne se produira pas au bout du délai Δ.

Les expressions $a \longrightarrow e$ [Δ] et $a \Longrightarrow e$ [Δ] sont appelées règles causales. L'ensemble des règles causales constitue une base de règles notée BR.

Les futurs après une action exécutée et non inhibée sont appelés futurs préférés

Une théorie causale selon l'approche de [Giunchiglia et al, 04] est une théorie où tout ce qui est causé est vrai et inversement. La seconde partie de cette équivalence correspond à une hypothèse philosophique assez forte.

4.7   Conclusion

Dans ce chapitre, nous avons exposé les rapports qui existent entre la notion de norme, le raisonnement non monotone et le raisonnement causal. Le raisonnement causal est un raisonnement temporel non monotone. Les logiques classiques sont inadaptées au raisonnement temporel. Dans le chapitre qui suit, nous présentons les deux plus importants formalismes de représentation temporelle

Chapitre 5

Formalismes de représentation temporelle

5.1 Introduction

Le raisonnement temporel consiste à formaliser la notion du temps et fournir des moyens pour représenter et raisonner sur les aspects temporels de la connaissance. Pour décrire les propriétés du bon fonctionnement des applications, les logiques temporelles sont des formalismes bien adaptées, notamment par leur capacité à exprimer l'ordonnancement des actions (événements) dans le temps.

5.2 Approche de J.F.Allen

Les représentations du temps peuvent se distinguer par les objets primitifs qu'elles considèrent. Une des logiques temporelles ayant retenue le plus l'attention, est celle de J.F.Allen [Allen, 83] [Allen, 84]. Allen a développé un moteur temporel spécialisé (time specialist) pour gérer les relations entre les aspects temporels des connaissances et sur cette base il a conçu une logique temporelle. Le rôle du moteur temporel d'Allen est la gestion des relations entre les intervalles.

Dans le cadre de la formalisation d'une approche symbolique générale pour le raisonnement temporel, Allen [Allen, 83] [Allen, 84] définit un système de manipulation d'intervalles dans un cadre temporel ordonné.

A la différence de McCarthy et de McDermott, Allen considère que les éléments de base du temps sont les intervalles. Ce choix se justifie, selon lui, du fait que le seul *temps* que nous connaissons est celui des événements (occurrence) et des propriétés. Il donne comme exemple l'événement "trouver une lettre". Cet événement est en apparence instantané mais si on l'analyse en détail, il a un début et une fin[Allen, 81].Un intervalle possède un temps de début d et un temps de fin f , tels que $d < f$ (fig 5.1).

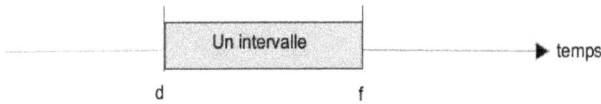

FIG. 5.1 – début et fin d'un intervalle

Un intervalle défini 5 zones dans le temps (fig 5.2)

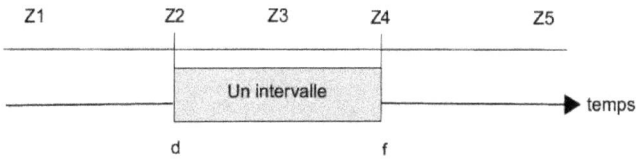

FIG. 5.2 – les 5 zones d'un intervalle

Deux intervalles peuvent se positionner selon 13 configurations (fig 5.3) 5.2

Dans d'autres travaux, Allen a introduit une notion nouvelle, les *point* de *temps* et de *moments*[Allen, 85]. Toutefois son système considère toujours l'intervalle ou la période comme l'élément de base.

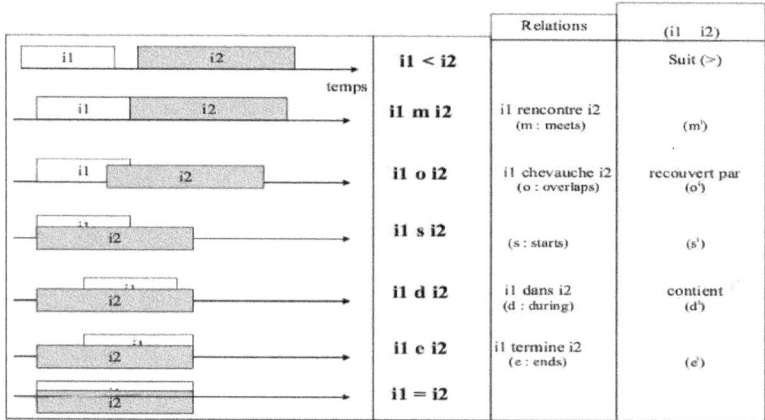

		Relations	(i1 i2)
i1 / i2 (temps)	i1 < i2		Suit (>)
i1 / i2	i1 m i2	il rencontre i2 (m : meets)	(m')
i1 / i2	i1 o i2	il chevauche i2 (o : overlaps)	recouvert par (o')
i1 / i2	i1 s i2	(s : starts)	(s')
i1 / i2	i1 d i2	il dans i2 (d : during)	contient (d')
i1 / i2	i1 e i2	il termine i2 (e : ends)	(e')
i1 / i2	i1 = i2		

Fig. 5.3 – Les treize relations d'Allen

Allen identifie treize (13) relations possibles entre intervalles. Sept relations de base dont six sont munies d'inverse.

Il établit entre ces intervalles des relations qui traduisent les positions de ces derniers les uns par rapport aux autres. L'ensemble des relations possibles entre intervalles est obtenu par composition à partir de 13 relations primitives différentes (fig 5.5) et composées de :

- six relations { <, m, o, s, d, e } et,
- leurs transposées respectives { >, mt, ot, st, dt, et },
- de { = } qui est sa propre transposée.

Deux intervalles I et J de Σ sont reliés entre eux par une relation composée : la composition des relations se fait toujours par conjonctions ($\wedge$) ou disjonctions ($\vee$) de primitives temporelles avec les mêmes règles de distributivité et de factorisation qu'en logique classique.

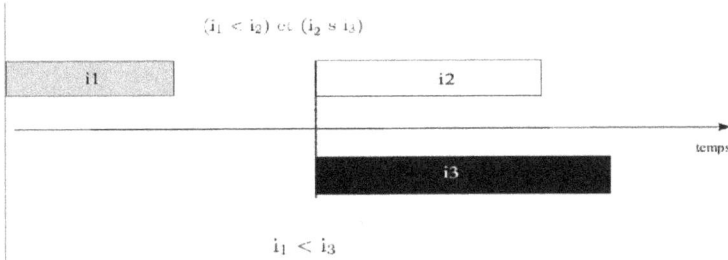

$(i_1 < i_2)$ et $(i_2$ s $i_3)$

i1

i2

temps

i3

$i_1 < i_3$

FIG. 5.4 – composition des relations d'Allen

5.2.1 Composition : Les incertitudes

Exemple 5.2.1. - *Marc est passé avant le spectacle ((Présence Marc) < (Spectacle))*

- Céline a vu tout le spectacle ((Spectacle) d (Présence Céline))

Donc :

- Soit Marc est passé avant Céline (<), il ne l'a pas vu.

- Soit Marc partait quand Céline arrivait (m), il l'a croisée.

- Soit Marc est parti après que Céline soit arrivée (o), ils ont pu parler.

- Soit Marc est arrivé avec Céline (s), ils se connaissaient.

- Soit Céline était déjà là lorsque Marc est passé (d).

D'où l'incertitude : (< O d) = { < ; m ; o ; s ; d }.

Les buts du système d'Allen :

- Exprimer la connaissance relative et imprécise.

- Permettre l'incertitude (expression des contraintes).

- Supporter le raisonnement dans des échelles variables.

- Supporter la persistance (raisonnement par défaut).

Exemple 5.2.2. *si j'ai garé ce matin ma voiture dans le parking, elle doit toujours être là, même si on ne peut le prouver).*

	$<$	m	o	e^t	s	d	d^t	e	s^t	o^t	m^t	$>$
$<$	$<$	$<$	$<$	$<$	$<$	$<$mo sd	$<$	$<$mo sd	$<$	$<$mo sd	$<$mo sd	tout
m		$<$	$<$	$<$	m	osd	$<$	osd	m	osd	$ee^t=$	
o			$<$mo	$<$mo	o	osd	$<$mo e^td^t	osd	oe^td^t	oo^te e^tdd^t $s^ts=$		
S				$<$mo	s	d	$<$mo e^td^t	d	$ss^t=$			
e^t					o	osd	d^t	$ee^t=$				
D						d	tout					
d^t						oo^te e^tdd^t $s^ts=$						

FIG. 5.5 – composition de base des relations d'Allen

L'ontologie utilisée dans la logique d'Allen est constituée de propriétés, d'événements et de processus se distinguant par leur rapport avec le temps.

5.2.2 Propriétés

Une propriété est vraie durant un intervalle si et seulement si elle est vraie durant tout intervalle qu'il contient. Pour exprimer qu'une expression atemporelle p de type propriété est vraie sur un intervalle i, Allen utilise la formule $Holds(p, i)$ qui se traduit par :

$$Holds(p, i) \Longleftrightarrow \forall j(In(j, i) \Longrightarrow Holds(p, j)).$$

En supposant que tout intervalle contient un intervalle plus petit, *Allen* a énoncé l'axiome suivant, analogue à la densité :

$$Holds(p, i) \Longleftrightarrow \forall j(In(j, i) \Longrightarrow (\exists k)In(k, j) \wedge Holds(p, k)).$$

5.2.3 Événements

Les événements ne sont vrais que dans les intervalles où ils sont définis, ils ne peuvent être vrais sur aucun sous-intervalle. Ceci est interprété par :

$$Occurs(e, i) \land In(j, i) \Longrightarrow \neg Occurs(e, j)$$

où

$Occurs(e, i)$ signifie que l'événement e survient pendant l'intervalle i.

5.2.4 Processus

Si un processus est vrai sur un intervalle, il l'est également vrai sur un certain nombre de sous-intervalles, pas forcément sur tous les sous-intervalles.

$$Occurring(p, i) \Longrightarrow (\exists j) \text{ In } (j,i) \land Occurring(p, j).$$

Dans l'ontologie d'Allen si un processus survient durant un intervalle, il doit survenir durant un certain nombre de sous-intervalles et pas forcément durant tout l'intervalle. Allen donne l'exemple suivant :

Exemple 5.2.3. *Dire que j'ai marché durant t implique bien entendu que j'ai marché durant la première et la dernière partie de t. Je peux cependant m'arrêter pendant un bref moment au cours de t, sans qu'il cesse d'être juste d'affirmer que j'ai marché durant t [Allen 84].*

De ces entités, J.Allen définit une théorie de la causalité, de l'action et de la planification.

5.2.5 Causalité

La formule :

$$Ecause(p_1, i_1, p_2, i_2) \Longleftrightarrow (Occurs(p_1, i_1) \Longrightarrow Occurs(p_2, i_2) \wedge (In(i_2, i_1) \vee < (i_1, i_2) \vee$$
$$m(i_1, i_2) \vee o(i_1, i_2) \vee e(i_1, i_2))$$

exprime le fait que l'événement p_1 qui a lieu en i_1 a causé l'événement p_2 qui a eu lieu en i_2 et affirme que les effets ne précédent pas les causes en utilisant les relations sur les intervalles suivantes :

- $< (i_1, i_2)$: i_1 précède i_2,

- $m(i_1, i_2)$: i_1 rencontre (meets) i_2,

- $o(i_1, i_2)$: i_1 et i_2 chevauchent (overlaps),

- $e(i_1, i_2))$: $(i_1$ égal $i_2)$.

5.2.6   Actions

J.Allen définit les actions comme des événements ou des processus provoqués par un agent. La formule $Acause(a, i, \sigma)$ signifie que l'agent a est la cause de σ dans l'intervalle de temps i, elle peut être exprimée par :

$$Acause(a, i, \sigma) \Longrightarrow Occurs(\sigma, i) \vee Occurring(\sigma, i).$$

5.2.7   Planification

Dans la définition de la planification, en plus de la construction d'une séquence d'actions obligatoires ou optionnelles, J.Allen fait intervenir la notion de *croyance* et d'*intentionnalité*. Il propose les principes suivants : Un agent s exécute intentionnellement une action a si et seulement si :

- l'agent exécute l'action dans un intervalle donné.

- l'action fait partie d'un plan que l'agent s'était engagé exécuter pendant un intervalle de temps donné.

[Shoham, 88] a mentionné certaine confusions dans l'approche d'Allen. Parmi ceux qui ont suivi ou se sont inspirés des travaux d'Allen, on cite [Ladkin, 87], [Vilain et Kautz, 86], [Sadri, 87] et [Kowalski et Sergot, 86].

5.3 Approche de D. McDermott

Pour satisfaire le besoin du raisonnement causal, McDermott [McDermott,82,85] a proposé une logique temporel pour raisonner sur les processus et les plans. Dans son raisonnement, il met l'accent sur les chroniques.

Sa modélisation permet

- de représenter des futurs multiples, et

- son utilisation dans la planification, les actions et la résolution des problèmes.

McDermott considère comme objets primitifs des instants et des intervalles. Les ensembles de base sont :

– l'ensemble infini d'états S muni d'une relation d'ordre partiel notée $<$ appelée relation de précédence.

– l'ensemble T des instants.

Une fonction $date$ est définie pour faire le lien entre ces deux ensembles, à chaque état s on associe un nombre réel $date(e)$ qui représente sa date d'occurrence. Il définit ainsi un ordre partiel sur T compatible avec l'ordre défini sur S :

$$(\forall s_1, s_2)(< (s_1, s_2)) \Longrightarrow (< (date(s_1), date(s_2)))$$

L'ensemble des états est dense :

$$(\forall s_1, s_2)(< (s_1, s_2)) \Longrightarrow (\exists s_3)(< (s_1, s_3)) \wedge (< (s_3, s_2))$$

McDermott propose :

– de garder la continuité du temps.

– une ouverture vers le futur et ceci en imposant à la relation de précédence d'être linéaire à gauche qui se traduit par l'axiome suivant :

$$(\forall s, s_1, s_2)(< (s_1, s) \wedge < (s_2, s)) \Longrightarrow (< (s_1, s_2) \vee < (s_2, s_1))$$

La linéarité à gauche signifie que si deux états précédent un même état, ils sont comparables entre eux. Cet axiome assure l'existence d'un passé unique. L'absence d'un axiome symétrique permet une ouverture vers des futurs multiples, ce qui permet de raisonner sur les actions en choisissant un futur parmi plusieurs (libre arbitre).

Dans son raisonnement, il met l'accent sur les chroniques.

Une chronique c est une séquence d'états décrivant une évolution du monde. C'est un ensemble convexe, totalement ordonné et en correspondance avec l'axe des réels :

$$(\in(s_1,c) \wedge (\in(s_2,c)) \Longrightarrow (<(s_1, s_2) \vee <(s_2, s_1))$$

$$(\forall c) (\forall t) (\exists s) (\in (s,c) \wedge = (\text{date}(s), t)).$$

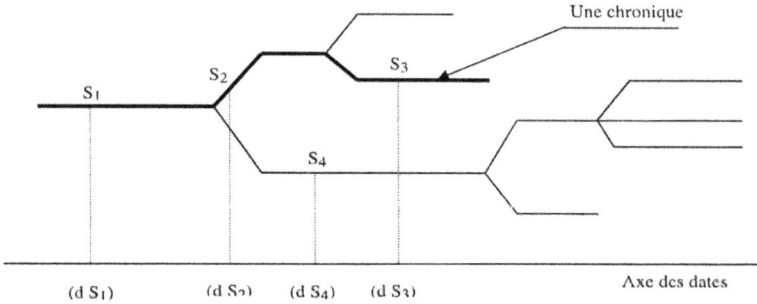

FIG. 5.6 – Exemple de chronique

Cette structure est le support des entités temporelles primitives suivantes :

5.3.1 Faits

Les faits constituent un sous-ensemble de l'ensembles des états. La notation $True(s,p)$ exprime que le fait p est vrai dans l'état s.

5.3.2 Événement

Un événement se produit sur un intervalle de temps $[s_1, s_2]$, il commence en s_1 et se termine en s_2. Une occurrence d'événement est un intervalle d'états appartenant à une même chronique. La formule $Occ(s_1, s_2, e)$ exprime le fait que l'événement e se produit entre les états s_1 et s_2.

5.3.3 Causalité

On distingue deux notions de causalité.

1. Causalité entre événements : Pour exprimer le retard entre les deux événements, McDermott utilise des variables de durée notées d_1, d_2, ...,d_n qui permettent d'établir des relations entre durées. Pour ce type de causalité, il utilise le prédicat :

$$Ecause(p, e_1, e_2, r_1, d_1, d_2)$$

qui signifie que l'événement e_1 est toujours suivi de l'événement e_2 après un délai compris dans l'intervalle (d_1, d_2) sauf si p devient faux avant que ce délai se termine. Le délai est mesuré à partir d'un point r_1 appartenant à l'intervalle d'occurrence de e_1. Si $rf = 0$, le point de commencement est le début de e_1, si $rf = 1$, le point de commencement est la fin de e_1.

La causalité entre événements est traduite formellement par l'expression :

$$Ecause(p, e_1, e_2, r_1, d_1, d_2) \implies (\ Occ(s_1, s_2, e_1) \implies ((\forall x)\ (C(x) \wedge s_2 \in x \implies (\exists s_3)$$
$$(s_3 \in x) \wedge Within - delay(s_3, r_1, d_1 d_2, s_1, s_2) \wedge ((TT(s_1, s_2, p) \implies (\exists s_1)\ (s_4) \in x$$
$$\wedge\ Occ(s_3, s_4, e_2))))))$$

où $C(x)$ signifie que x est une chronique, $s \in x$ signifie que l'état s est un élément de la chronique x, $Within - delay(s_3, r_1, d_1 d_2, s_1, s_2)$ signifie que l'état s_3 est postérieur à s_1 et s_2 avec un retard $(d_2 - d_1)$, et $TT(s_1, s_2, p)$ une abréviation de $[s_1, s_2] \subset p$.

2. Un événement cause un fait : Dans ce cas de causalité, la difficulté est que si une proposition est vraie en un état, qu'en est-il de sa valeur de vérité en un autre état ?

Pour ce cas de causalité, McDermott introduit la notion de persistance d'un fait en utilisant le prédicat $persist(s, p, r)$ qui signifie le fait p persiste (continu à être vrai) à partir de s avec une durée de vie r. Ce prédicat est vrai si dans toutes les chroniques, p reste vrai jusqu'à ce que le délai r se termine ou que p cesse d'être vrai. McDermott définit la persistance comme suit :

$$Persist(s_1, p, r) \iff T(s_1, p) \wedge (\forall s_2) \ (\ Within \text{-} Lifetime(s_2, r, s_1) \wedge (\neg \ T(s_{2,p})\ )$$
$$\implies (\ Occ\text{-} between \ (i(s_1, s_2), (Ceasep))))$$

où

$$Within - Lifetime(s_2,\ r,\ s_1) \iff (\ s_1 \leq s_2 \ ) \wedge (date(s_2) - date(s_1) < r).$$
$$Occ\text{-} between \ (i(s_1, s_2), (Ceasep))$$

Dans le formalisme proposé par Mc.Dermott, nous remarquons que les notions du passé, présent et futur ne figurent pas dans le prédicat Ecause.

Comment peut-on savoir si $Ecause(p, e_1, e_2, r_1, d_1, d_2)$ qui signifie que l'événement e_1 est toujours suivi de l'événement e_2 après un délai compris dans l'intervalle (d_1, d_2) , s'est passé dans le passé, présent ou futur ?

Comment affirmer que les effets ne précédent pas les causes ?

5.3.4   Action et planification

La planification consiste à définir des actions pour résoudre des problèmes :

- actions qui empêchent un événement de se produire ;

- actions qui autorisent un événement de se produire.

Dans le cas de situations, McDermott impose à la relation de précédence d'être linéaire à gauche, mais dans le cas des événements, on ne peut imposer à la relation d'être linéaire ni à droite ni à gauche. Ce qui permet une ouverture dans le passé et dans le futur.

95

5.4 Conclusion

Dans ce chapitre, nous avons présenté les deux approches principales du raisonnement temporel. L'approche de J.Allen, une approche basée sur les intervalles de temps où Allen développe un moteur temporel spécialisé pour gérer les relations entre les aspects temporels des connaissances et sur cette base il a conçu une logique temporelle. La seconde approche est celle de McDermott. Il a proposé un formalisme de la causalité, de l'action et de la planification. Pour la causalité, il a mentionné le problème de qualification d'une cause et le problème de persistance d'un fait. Il a fait remarquer qu'une solution à ces problèmes se trouve dans une bonne formalisation du raisonnement non monotone.

Chapitre 6

Raisonnement temporel et causal sur événements/actions

6.1   Introduction

Les états du monde, qu'on peut exprimer comme propositions, subissent des changements dus à certains modèles appropriés qui se nomment dans la littérature actions/événements. Le monde reste dans un même état jusqu'à ce qu'une action ou événement exécuté en un certain temps le change en un autre état qui peut être le même état (faire une action pour maintenir un état). Les changements sont provoqués par des événements, certains événements peuvent être considérés comme actions. Un événement est toujours le résultat d'une ou plusieurs actions. Un événement peut être la cause d'un ou plusieurs événements dans le futur comme il peut être dû à un ou plusieurs événements qui se sont déroulés dans le passé.

Les notions de changements et du temps sont étroitement liées. Il existe une relation entre les événements, les actions nécessaires pour la réalisation de ces événements et le temps d'exécution de ces actions. Une action peut être instantanée comme elle peut être effectuée durant un certain intervalle de temps. Par conséquent, les points de temps et les intervalles sont nécessaires pour exprimer le temps d'exécution d'une action.

Notre objectif est de réfléchir sur les actions afin d'anticiper, de planifier et réparer, en conséquence, exécuter des actions pour prévenir certaines évolutions de l'univers. En outre, pour favoriser certaines évolutions souhaitées ou remédier à une situation nuisible.

Dans ce chapitre, nous présentons un formalisme logique basé sur un langage du premier ordre augmenté d'opérateurs et dont l'objectif principal est de faciliter la représentation des relations causales et temporelles entre les actions et leurs effets ainsi que les relations causales et temporelles entre actions et événements.

6.2   Langage, notation et terminologie

Dans le cadre de la formalisation d'une approche symbolique pour le raisonnement temporel et causal, et inspirée des travaux de [Allen, 84], [McDermott, 82] et [Kayser et Mokhtari, 98], nous proposons un formalisme causal temporel pour raisonner sur les événements et actions [Mamache, 2010].

Le langage est composé de deux niveaux :

- Le premier niveau, pour représenter des informations statiques, est constitué d'un langage du premier ordre avec égalité.

- le second niveau comprend les prédicats avec des variables temporelles pour représenter les informations dynamiques.

L'alphabet du langage comprend :

- Les connecteurs : $\wedge, \vee, \neg, \supset$ and $\supset_c$ (implication causale),

- Deux signes de quantification notés $\exists$ (quantificateur existentiel) et $\forall$ (quantificateur universel),

- Un symbole d'égalité, que nous noterons $\equiv$ pour le distinguer du signe $=$,

- Une collection infinie dénombrable de variables propositionnelles,

- Un ensemble de signes opératoires ou symboles fonctionnels,

- Un ensemble de signes relationnels ou prédicats,

- Trois opérateurs temporels unaires : P_k (passé), F_k (futur), and P_0 (présent).

- Les expressions sont des chaînes de symboles sur cet alphabet.

- L'ensemble des formules noté Φ est par définition le plus petit ensemble d'expressions vérifiant les conditions suivantes :

  - Φ contient les variables propositionnelles.
  - Un ensemble d'éléments appelés symboles d'individus.
  - Si A et B sont des éléments de Φ il en est de même de $\neg A$ et $A \supset_c B$.
  - Si A est un élément de Φ il en est de même de P_k (A), $F_k(A)$ et $P_0(A)$.

Comme Allen, nous utilisons le prédicat $Ecause$ pour exprimer qu'une action a est la cause d'un événement e.

(i) Représentation atemporelle de la causalité

Soient a une expression atemporelle de type action et e un événement.

$$Ecause(a; e)$$

exprime le fait que l'action a est la cause de l'événement e.

On peut généraliser cette écriture à m actions.

Soient $a_1, a_2, ..., a_m$ des expressions atemporelles de type action et e un événement. Pour exprimer que $a_1, a_2, ..., a_m$ sont les causes d'un événement e, on utilise le prédicat

$$Ecause(a_1, a_2, ..., a_m; e)$$

définit par :

$$Ecause(a_1, a_2, ..., a_m; e) \equiv Ecause(a_1; e) \wedge ... \wedge Ecause(a_m; e)$$

.

Si a n'est pas la cause de e, on utilise $\neg\, Ecause(a; e)$. Dans ce cas, la réalisation de e est due à une autre action.

Si a est la cause de la non réalisation de e, on utilise $Ecause(a\,;\, \neg\, e)$.

Si e n'est pas réalisé car l'action a n'est pas exécuté , on utilise $Ecause(\neg\, a\,;\, \neg\, e)$. Dans ce cas a est une cause directe de e.

Définition 6.2.1. *Des actions $a_1, a_2, ..., a_m$ sont dites causes directes d'un événement e si une des actions n'est pas exécutée alors l'événement e n'est pas réalisé.*

Si les causes sont directes, on a :

$Ecause\ (a_1,\ a_2,\ ...,\ a_m\ ;\neg\ e) \equiv ((\exists\ k)(\neg\ a_k \supset_c \neg\ e)).$

Exemple 6.2.1. *$\neg Ecause$(préparer un papier, envoyer le papier, voyager, ... ; communiquer)$\equiv$ $(\neg\ voyager) \supset_c (\neg\ communiquer) \vee (\neg\ preparer\ papier) \supset_c (\neg\ communiquer).$*

(ii) Représentation temporelle de la causalité

Soient a une expression temporelle de type action et t un instant.

- $t.a$ exprime que l'action a s'est produite dans le passé à l'instant t,

- $a.t$ exprime que l'action a se produira dans le futur à l'instant t.

Exemple 6.2.2. *- $Colloque \cdot Mai$, exprime : le colloque aura lieu en Mai.*

- $Mai \cdot Colloque$, exprime : le colloque a eu lieu en Mai.

$Ecause\ (a.t_a\ ;\ e.t_e)$ exprime le fait que l'action a qui se réalisera en t_a est la cause de l'événement e qui se produira en t_e. Les actions apparaissent comme premier argument du prédicat $Ecause$.

Cette notation nous évite une ambiguïté du genre : l'action qui se produira dans le futur en t_a est la cause de l'événement e qui s'est produit dans le passé en t_e (l'effet précède la cause). Donc l'expression $Ecause\ (a.t_a\ ;\ t_e.e)$ n'a pas de 'sens'.

Une action peut être instantanée comme elle peut être exécutée pendant un certain intervalle de temps. Par conséquent, les points et les intervalles sont nécessaires pour exprimer le temps d'exécution d'une action [Knight et al, 97],[Knight et al, 98].

Définition 6.2.2. *Un point de temps t est un état instantané de l'univers défini par un sous-ensemble de propositions vraies à une certaine date et par cette date.*

Ce sous-ensemble est le résultat d'une relation causale. L'ensemble des points de temps est notée P.

Définition 6.2.3. *On appelle élément de temps un intervalle ou un point de temps.*

Une action opère donc durant un élément de temps t.

Si a est une action instantanée alors t est un point de temps. Si a est durative alors t est un intervalle.

Définition 6.2.4. *Soit T un ensemble non vide d'éléments de temps, T est la réunion de deux ensembles P et I, I étant un ensemble dont les éléments sont des intervalles et P un ensemble dont les éléments sont des points de temps.*

Définition 6.2.5. *Soient T un ensemble non vide d'éléments de temps et A un ensemble d'actions. On définit l'ensemble A.T comme étant l'ensemble des éléments a.t où a est une expression temporelle de type action qui se réalisera dans le futur en l'élément de temps t.*

$A.T = \{\ a.t,\ a \in A,\ t \in T,\ a\ se\ réalisera\ dans\ le\ futur\}$

Définition 6.2.6. *Soit A.T l'ensemble des éléments a.t et Dur_F une fonction qui associe à toute action qui se réalisera dans le futur sa durée. Dur_F est une fonction de A.T à valeurs dans IR^+ définie par :*

$$
\begin{cases}
Dur_F(a \cdot t) = 0 & si \quad a\ est\ une\ action\ instantanée\ . \\
Dur_F(a \cdot t) > 0 & si \quad a\ est\ une\ action\ durative.
\end{cases}
$$

Définition 6.2.7. *On définit l'ensemble T.A comme étant l'ensemble des éléments t.a où a est une expression temporelle de type action qui s'est réalisé dans le passé en l'élément de temps t.*

$T.A = \{\ t.t,\ a \in A,\ t \in T,\ a\ s'est\ réalisé\ dans\ le\ passé\}$

Définition 6.2.8. *Soit T.A l'ensemble des éléments t.a et Dur_P une fonction qui associe à toute action qui s'est réalisée dans le passé sa durée. Dur_P est une fonction une de T.A à valeurs dans IR^+ définie par :*

$$\begin{cases} Dur_P(t \cdot a) = 0 & si \quad a \ est \ une \ action \ instantanée. \\ \\ Dur_P(t \cdot a) > 0 & si \quad a \ est \ une \ action \ durative \end{cases}$$

Les entités temporelles primitives sont des éléments de temps.

Si $a_1, a_2, ..., a_m$ sont des expressions temporelles de type actions exécutées respectivement en $t_1, t_2, .., t_m$, on utilise la formule :

$$Ecause(a_1.t_1, a_2.t_2, ..., a_m.t_m; e.t) \equiv Ecause(a_1.t_1; e.t) \wedge ... \wedge Ecause(a_m.t_m; e.t).$$

Exemple 6.2.3. *Ecause(Janvier 2010. preparer le papier, Avril2010.envoyer le papier, ..., voyager.15 juillet 2010 ; Communiquer.20 Juillet 2010)* $\equiv$ *Ecause(Janvier 2010. preparer le papier ; communiquer. 20 juillet 2010)* $\wedge ... \wedge$ *Ecause (voyager.15 juillet 2010 ;communiquer. 20 juillet 2010).*

Exemple 6.2.4. *Le fait de voyager le 15 juillet 2010 et communiquer le 20 juillet 2010 peut être exprimé comme suit :*

(a) *Ecause(voyager .15 juillet 2010 ; communiquer .20 juillet 2010) exprime : l'agent voyagera 15 juillet 2010 et communiquera 20 juillet 2010.*

(b) *Ecause(15 juillet 2010.voyager ; communiquer.20 juillet 2010) expresses : l'agent a voyagé 15 juillet 2010 et communiquera 20 juillet 2010.*

(c) *Ecause(15 juillet 2010. voyager ; 20 juillet 2010. communiquer) exprime : l'agent a voyagé 15 juillet 2010 et a communiquer 20 juillet 2010.*

Les actions sont les constructeurs d'événements, on ne peut donc avoir le cas suivant :

Exemple 6.2.5. *L'agent voyagera le 15 juillet 2010 et a communiqué le 20 juillet 2010 Ecause(voyager. 15 juillet 2010 ; 20 juillet 2010 .communiquer).*

Une action peut être primitive comme elle peut être complexe. Dans le cas d'une action complexe, pour exprimer que des actions $a_{i_1}, ..., a_{i_s}$ exécutées en $t_{i_1}, ..., t_{i_s}$ sont la cause de a_i réalisée en t_i et celle-ci donnera lieu à un événement/effet e réalisé en t, on définit :

Définition 6.2.9.

$$Ecause(a_i.t_i; t.e). \equiv Ecause(a_{i_1}.t_{i_1}, a_{i_2}.t_{i_2}, ..., a_{i_s}.t_{i_s}; e.t)$$

$$\equiv Ecause(a_{i_1}.t_{i_1}) \wedge Ecause(a_{i_2}.t_{i_2}) \wedge ... \wedge Ecause(a_{i_s}.t_{i_s}; e.t)$$

$$\equiv \bigwedge_{j=1}^{j=s} Ecause(a_{ij}.t_{ij}; e.t).$$

Les ensembles de base sont :

- A l'ensemble des actions,

- E l'ensemble des événements/effets,et

- T l'ensemble des éléments de temps.

Pour représenter le lien qui unit une action à son effet/événement, on définit la fonction ζ_{ev} qui associe à une action a l'événement/effet dont elle est la cause.

Définition 6.2.10. *Soit A l'ensemble des actions et E l'ensemble des événements/effets. La fonction qui associe à toute action a un événement e est définie comme suit :*

$$\zeta_{ev} : A \longrightarrow E$$
$$a \longmapsto \zeta_{ev}(a) \equiv e.$$

Dans le cas où la réalisation de l'événement/effet nécessite plusieurs actions $a_1, a_2, \cdots, a_m$, on définit :

Définition 6.2.11.

$$\xi_{ev} : A \times A \times ... \times A \longrightarrow E$$
$$(a_1, a_2, ..., a_m) \longmapsto a_1 \wedge a_1 \wedge ... \wedge a_m \equiv e.$$

Définition 6.2.12. *La fonction qui associe à une action a l'élément de temps t_a en lequel elle est exécutée est définie comme suit :*

$$f_a : A \rightarrow T$$
$$a \mapsto t_a$$

Définition 6.2.13. *On définit la fonction qui associe à un événement e l'élément de temps t_e en lequel il est réalisé par :*

$$f_e : E \rightarrow T$$
$$e \mapsto t_e$$

Une action cause un événement/effets après un délai Δt.

On a : $t_e = t_a + \Delta t$. Si $\Delta t = 0$ alors l'action a et l'événement e se produisent en même temps.

Définition 6.2.14. *L'ensemble des éléments de temps est projeté sur l'axe des réels par une fonction date qui associe à tout élément t de T sa date noté d_t.*

$$d_t : \quad T \quad \to \quad I\!R^+$$
$$t \quad \mapsto \quad d_t$$

Si $\Delta t = 0$ alors $d_{t_a} = d_{t_e}$

Définition 6.2.15. *Une Annale de temps $\mathcal{A}$ [ligne de temps pour Kayser et Mokhtari, 98] est une succession d'éléments de temps t représentant une évolution de l'univers.*

Un point de temps de la succession répond à la règle "il n y a pas d'effets sans cause", c'est donc le résultat d'une relation "cause à effet"

Une annale de temps est un ensemble convexe, totalement ordonné en bijection avec l'axe des réels

6.3 Une nouvelle ontologie pour représenter les relations causales et temporelles entre actions et événements/effets

L'ontologie utilisée dans notre langage est constituée d'effets, d'événements et de processus.

6.3.1 Fait

Un fait p est vrai en un point de temps ou intervalle. La notation $True(p, t)$ exprime que le fait p est vrai en l'élément de temps t.

6.3.2 Événement

Un événement se réalise en un élément de temps. Dans le cas d'un intervalle, les événements sont vrais dans les intervalles où ils sont définis. Ils ne sont pas définis dans les sous-intervalles.

6.3.3 Processus

Les processus sont définis sur des intervalles. Si un processus est vrai sur un intervalle, il l'est également sur tous les sous-intervalles de cet intervalle.

6.3.4 Causalité

Un événement cause un autre événement.

Si $e_1, e_2, ..., e_m$ sont des expressions temporelles de type événements réalisés respectivement en $t_1, t_2, .., t_m$, la formule :

- $Ecause(e_1.t_1, e_2.t_2, ..., e_m.t_m; e.t) \equiv Ecause(e_1.t_1; e.t) \wedge ... \wedge Ecause(e_m.t_m; e.t)$ exprime que les événements $e_1, e_2, ..., e_m$ qui se réaliseront respectivement en $t_1, t_2, ..., t_m$ causeront l'événement e qui aura lieu en l'élément de temps t.

- $Ecause(t_1.e_1, t_2.e_2, ..., t_m.e_m; e.t) \equiv Ecause(t_1.e_1; e.t) \wedge ... \wedge Ecause(t_m.e_m; e.t)$ exprime que les événements $e_1, e_2, ..., e_m$ qui se sont réaliser respectivement en $t_1, t_2, ..., t_m$ causeront l'événement e qui aura lieu en l'élément de temps t.

- $Ecause(t_1.e_1, t_2.e_2, ..., t_m.e_m; t.e) \equiv Ecause(t_1.e_1; t.e) \wedge ... \wedge Ecause(t_m.e_m; t.e)$ exprime que les événements $e_1, e_2, ..., e_m$ qui se sont réalisés respectivement en $t_1, t_2, ..., t_m$ sont la cause de l'événement e qui a eu lieu en l'élément de temps t.

6.3.5 Action et planification

Nous nous inspirons encore des travaux d'Allen, une action est exécutée par un agent et elle produit un événement/effet.

La planification consiste à définir une suite d'action à exécuter par un agent pour résoudre un problème général ou spécifique.

En plus de la construction d'une séquence d'actions obligatoires ou optionnelles, J.Allen fait intervenir la notion de croyance et d'intentionnalité. Il propose les principes suivants :

Un agent s exécute intentionnellement une action a si et seulement si :

- l'agent exécute l'action dans un intervalle donné ;

- l'action fait partie d'un plan que l'agent s'était engagé à exécuter pendant un intervalle de temps donné.

J.Allen se limite aux intervalles.

Pour faire intervenir la notion de temporalité dans la planification et sans se limiter aux intervalles, nous enrichissons notre langage d'un opérateur noté $\oplus$. Notre opérateur est défini sur des éléments de temps.

Définition 6.3.1. *$t_1 \oplus t_2$ est défini s'il existe deux actions a_1 et a_2 ayant lieu en t_1 et t_2 respectivement et qui sont la cause d'un événement/effet e réalisé en un point de temps t.*

Cet opérateur possède les caractéristiques suivantes :

$\star$ L'opérateur $\oplus$ est dit interne si $t \in T$. l'agent doit agir de façon à ce que l'événement/effet ait lieu en un élément de temps $t \in T$ ou encore l'agent exécute l'action en un élément de temps donné (obligation).

$\star$ L'opérateur est dit commutatif si l'ordre des actions n'intervient pas (l'agent est libre de commencer par n'importe quelle action). On note : $t_1 \oplus t_2 \equiv t_2 \oplus t_1$.

J.A.Pinto [Pinto, 94]a établi dans sa thèse une relation entre événements, actions et situations. Dans notre approche, nous établissons une relation entre événements, actions qui surviennent pour la réalisation de ces événements et le temps où elles sont exécutées.

Pour exprimer le fait que les actions($a_1, a_2, \ldots, a_m) \in A \times A \times \ldots \times A$, qui ont lieu respectivement en $t_1, t_2, \ldots, t_m$ sont la cause d'un événement e réalisé en $t \in T$, on définit le diagramme suivant :

Définition 6.3.2. *Soient T un ensemble d'éléments de temps, A un ensemble d'actions et E un ensemble d'événements. On a :*

$$
\begin{array}{ccc}
A \times A \times \dots \times A & \xrightarrow{\ \xi_{ev}\ } & E \\
{\scriptstyle \varphi}\downarrow & & \downarrow{\scriptstyle f_e} \\
T \times T \times \dots \times T & \longrightarrow & T
\end{array}
$$

où $\varphi(a_1, a_2, \dots, a_m) = (f_1(a_1), f_2(a_2), \dots, f_m(a_m))$, $f_i(a_i) = t_i \ \forall \ i \in \{1, 2, \dots, m\}$
et h une fonction définie comme suit :

$$ h : T \times T \times \dots \times T \ \longrightarrow \ T $$
$$ h(t_1, t_2, \cdot, \cdot, \cdot, t_m) = t_1 \oplus t_2 \oplus \dots \oplus t_m \equiv t. $$

$h(t_1, t_2, \cdot, \cdot, \cdot, t_m) = t_1 \oplus t_2 \oplus \dots \oplus t_m \equiv t$ est défini (ou encore, h est définie) s'il existe des actions $a_1, a_2, \dots, a_m$ exécutées respectivement en $t_1, t_2, \dots, t_m$ qui ont donné lieu à e réalisé en t.

L'ordre des actions intervenant dans certains événements joue un rôle important ; comme exécuter une action avant une autre, reproduction d'une action (processus) ou exécuter plusieurs actions en même temps. Ceci nous mène à introduire des opérateurs sur les actions. Ces opérateurs définissent des contraintes sur le temps.

Définition 6.3.3. *On définit sur T une relation de précédence notée $\mathfrak{R}_c$ par :*

On dira que t_1 précède t_2 si l'action a_1 se produit avant l'action a_2, on note $t_1 \ \mathfrak{R}_c \ t_2$.

Proposition 6.3.1. *La relation $\mathfrak{R}_c$ est une relation binaire, irréflexive , antisymétrique et transitive.*

Preuve Une action ne peut se produire avant elle-même, donc $\mathfrak{R}_c$ est irréflexive.

$\forall \ t_1, t_2, t_3 \in T$;

- $\mathfrak{R}_c$ est antisymétrique, en effet, si t_1 précède t_2 et t_2 précède t_1 alors $t_1 = t_2$.

- $\mathfrak{R}_c$ est transitive, en effet, Si t_1 précède t_2 et t_2 précède t_3 alors t_1 précède t_3.

Définition 6.3.4. *Un cadre temporel [Berstougeff et Ligozat, 89] est la donnée d'un ensemble non vide T et d'une relation binaire $\mathfrak{R}$ définie sur cet ensemble appelée relation de précédence. On note $(T, \mathfrak{R})$.*

Proposition 6.3.2. *La relation R_c est transitive et irréflexive alors $(T, \mathfrak{R}_c)$ est un cadre temporel muni d'un ordre strict .*

Proposition 6.3.3. *$(T, \mathfrak{R}_c)$ possède également la propriété de discrétion.*

En effet pour tout $(t_1, t_2) \in T \times T$:

$t_1 \ \mathfrak{R}_c \ t_2 \Rightarrow ((\exists\ t_3)\ (t_1\ \mathfrak{R}_c\ t_3)) \wedge \neg\ ((\ \exists\ t_4)\ (t_1\ \mathfrak{R}_c\ t_4) \wedge (t_4\ \mathfrak{R}_c\ t_3))$, ie si t_1 admet des successeurs tels que t_2 il admet donc un successeur minimal tel que t_3 (discrétion à droite).

$t_2 \ \mathfrak{R}_c \ t_1 \Rightarrow ((\exists\ t_3)\ (t_3\ \mathfrak{R}_c\ t_1)) \wedge \neg\ ((\ \exists\ t_4)\ (t_4\ \mathfrak{R}_c\ c_{41}) \wedge (t_3\ \mathfrak{R}_c\ t_4))$, ie si t_1 admet des successeurs tels que t_2 il admet donc un successeur minimal tel que t_3 (discrétion à gauche).

$(T, \mathfrak{R}_c)$ est donc un cadre temporel discret muni d'un ordre strict.

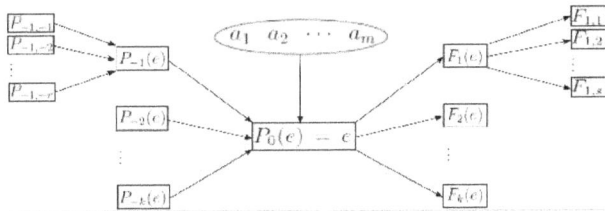

FIG. 6.1 – Représentation des relations entre actions et effets/événements

6.4 Relations temporelles entre événements

Un événement peut être la cause d'un ou plusieurs événements dans le futur comme il est souvent dû a un ou plusieurs événements qui se sont déroulés dans le passé. Pour exprimer cela, nous enrichissons notre langage d'un nouvel opérateur noté $\otimes$. La notion de temps présent, passé et futur est représentée par un entier relatif k tel que

- $k = 0$ représente le temps présent,
- $k > 0$ représente le futur,
- $k < 0$ représente le passé.

Définition 6.4.1.

$$\otimes : \quad \mathbb{Z} \times T \quad \rightarrow \quad T$$
$$(k, t) \quad \mapsto \quad \otimes(k, t) \equiv k \otimes t$$

- Si $k = 0$, alors $k \otimes t = {}_0t$: l'élément de temps où l'événement/effet e se produit au présent ${}_0t = t_1 \oplus t_2 \oplus \cdots \oplus t_m$, où m est le nombre d'actions qui sont la cause de e, e vrai en ${}_0t$. On note $e = P_0e$.

- Si $k > 0$ alors $k \otimes t = {}_kt$ où ${}_kt$ est l'élément de temps où un événement F_ke se produira dans le futur dû à e réalisé en ${}_0t = t_1 \oplus t_2 \oplus \cdots \oplus t_m$.

- Si $k < 0$ alors $k \oplus t = {}^kt$ où ${}^kt$ est l'élément de temps où un événement P_ke qui s'est produit dans le passé et qui a donné lieu à e en ${}_0t = t_1 \oplus t_2 \oplus \cdots \oplus t_m$.

  m est le nombre d'actions nécessaires pour que e soit vrai en ${}_0t$, par conséquent, F_ke (respectivement P_ke) soit vrai en ${}_kt$ (respectivement en ${}^kt$).

  $|k|$ est le nombre d'événements F_ke (respectivement P_ke). Le nombre d'événements F_ke n'est pas forcément égal au nombre d'événements P_ke.

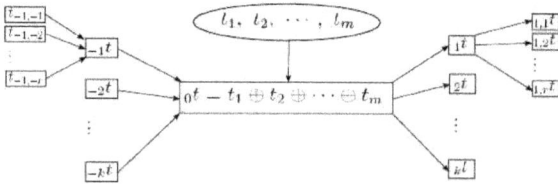

FIG. 6.2 – Représentation des relations temporelles entre actions et effets/événements

L'opérateur F_k nous permet d'énumérer tous les événements qui se produiront dans le futur et dont e est la cause. L'opérateur P_k nous permet d'énumérer tous les événements qui se sont produit dans le passé et qui ont donné lieu à e. Ces opérateurs peuvent être utilisés pour les pré-conditions et effets d'une action. Ils nous donnent la possibilité de représenter l'évolution de l'univers pour des futurs variés (prédiction), comme ils nous permettent la représentation des types de raisonnements qui sont la prédiction, l'explication et la planification.

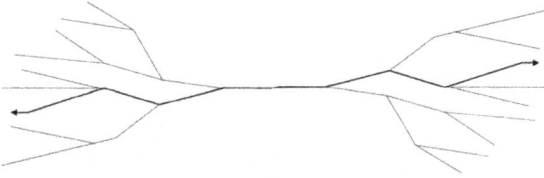

FIG. 6.3 – Temps ramifié : plusieurs passés, plusieurs futurs

Chapitre 7

La Logique Temporelle $\mathcal{L}_\mathcal{C}$ pour le raisonnement causale entre actions et événements/effets

Dans ce chapitre, nous proposons une logique temporelle pour raisonner sur les actions et événements. Nous donnons l'ensemble des axiomes de la logique, ses axiomes et la sémantique.

7.1 Système déductif

7.1.1 Axiomes de la logique temporelle $\mathcal{L}_\mathcal{C}$

(i) Les axiomes de la logique propositionnelle classique [Kleene, 71].

(ii) (a) $F_k(A \supset_c B) = (F_k A) \supset_c (F_k B)$ où $F_k(A \supset_c B)$ est l'événement qui se produira dans le Futur et qui n'aura lieu que si $A \supset_c B$ a lieu ($A \supset_c B$ est dû à m actions $a_1, a_2, \cdots, a_m$)

   (b) $P_k(A \supset_c B) = (P_k A) \supset_c (PkB)$ où $P_k A$ est un événement qui s'est produit dans le passé et qui a donné lieu à $(A \supset_c B)$

   (c) $P_0(A \supset_c B) = (P_0 A) \supset_c (P_0 B)$.

Les axiomes (ii) : (a),(b) et (c) expriment la distributivité des opérateurs F_k ,P_k et P_0 par rapport à l'implication causale.

7.1.2 Règles de déductions de la logique temporelle $\mathcal{L_C}$

(i) Le modus ponens [Kleene,71].

(ii) La généralisation : Si A est un théorème, $F_k A$, $P_k A$ and $P_0 A$ sont également des théorèmes.

Les théorèmes de $\mathcal{L_C}$ sont par définition toutes les formules déductibles des axiomes en utilisant les règles de déductions. En particulier tous les théorèmes du calcul propositionnel sont des théorèmes.

7.2 Sémantique de $\mathcal{L_C}$

Dans la sémantique du calcul propositionnel, une assignation est une application qui à chaque variable propositionnelle associe une valeur de vérité. Cette valeur de vérité décrit un état du monde.

Définition 7.2.1. *Une valuation V sur cadre temporel $(T,\mathfrak{R})$ est une fonction de l'ensemble des variables propositionnelles à valeurs dans l'ensemble des parties de T.*

Définition 7.2.2. *On appelle modèle de la logique temporelle la donnée d'un cadre temporel $(T,\mathfrak{R})$ et d'une valuation V définie sur ce cadre temporel. On note $M=(T,\mathfrak{R}),V)$.*

Dans ce qui suit, on considère le cas où les variables propositionnelles sont les causes directes (actions/événements) pour qu'un événement e soit vrai en un point de temps t.

Définition 7.2.3. *Soit V_c la valuation définie sur le cadre temporel $(T,\mathfrak{R}_c)$:*

$$V_c : \quad A \quad \to \quad P(T)$$
$$ai \quad \mapsto \quad V_c(ai) = T^i = \{t_i/a_i vraient_i\}$$

t_i étant le point de temps où l'action a_i se produit pour que l'événement e soit vrai en $_0 t = t_1 \oplus t_2 \oplus \cdots \oplus t_m$.

L'action a_i se produit une seule fois dans T donc $T^i = \{t_i\}$.

Le cas d'une action qui se reproduit dans T sera étudié ultérieurement.

Si T_i est vide alors a_i ne s'est pas réalisé en t_i (ou ne s'est pas réalisé du tout) par suite e n'aura pas lieu en ^0t.

Définition 7.2.4.

1. $V_c P_0 e = V_c(e) = V_c(a_1 \wedge \cdots \wedge a_m) =_{def} V_c(a_1) \oplus \cdots \oplus V_c(a_m) \equiv \{t_1\} \oplus \{t_2\} \oplus \cdots \oplus \{t_m\} \equiv \{_0 t\}$

2. $V_c\{\neg a_i\} = T - V_c\{a_i\} = T - T_i$

3. *Les actions $a_1, a_2, \cdots, a_m$ sont les causes directes de e, alors, s'il existe k tel qu'une action a_k n'ait pas lieu, ceci entraîne forcément le non accomplissement de e (ou encore que e ne sera pas vrai en $\{_0 t\}$ d'où :*

   $V_c\{e\} = V_c\{a_1 \wedge \cdots \wedge \neg a_k \wedge \cdots \wedge a_m\} = V_c\{a_1\} \oplus \cdots \oplus V_c\{\neg a_k\} \oplus \cdots \oplus V_c\{a_m\} = T_1 \oplus \cdots \oplus \{T_k\} \oplus \cdots \oplus T_m \equiv T - V_c(e)$.

4. *L'événement e peut donner lieu à plusieurs événements dans le futur notés $F_k e$, $k \geq 1$, et chaque événement se produira en un élément de temps $_k t$ avec la condition suivante*

   $t_i \ R_c \ _0 t \ R_c \ _k t$ et $_0 t = t_1 \oplus t_2 \oplus \cdots \oplus t_m$ alors $V_c(F_k e) - \{_k t \ / t_i \ R_c \ _0 t \ R_c \ _k t, \ _0 t = t_1 \oplus t_2 \oplus \cdots \oplus t_m\}$.

5. *L'événement e peut être dû à plusieurs événements $P_k e$ qui se sont produit dans le passé et chaque événement $P_k e$ s'est produit en un élément de temps $_k t$ avec condition suivante :*

   $t_i \ R_c \ _0 t \ R_c \ _k t \ _0 t = t_1 \oplus t_2 \oplus \cdots \oplus t_m$ et alors : $V_c(P_k e) = \{^k t \ / t_i \ R_c \ _0 t \ R_c \ ^k t, \ _0 t = t_1 \oplus t_2 \oplus \cdots \oplus t_m\}$.

6. $V_c(A \supset_c B) = \{t / t_A \ R_c \ t_B \ R_c \ t, \ _0 t = t_1 \oplus t_2 \oplus \cdots \oplus t_m\}$, *en effet, $(A \supset_c B)$ n'est vrai en un certain élément de temps t appartenant à T que si A est vrai en un élément de temps t_A de T ; mais A vrai en t_A est la cause de B vrai en t_B donc pour avoir B en t_B il suffit d'avoir A en t_A et ceci donnera $A \supset_c B$ vrai en t.*

On définit également la valuation dans les cas suivants :

- Cas où des effets/événements nécessitent la réalisation de plusieurs actions en même temps. La valuation est définie comme suit :

Définition 7.2.5. *Soit $\mathfrak{R}$ une relation binaire définie sur l'ensemble des actions A. On dira que les actions a_1 et a_2 sont en relation si elles se réalisent en même temps.*

$$a_1 \mathfrak{R} a_2 \Leftrightarrow V(a_1) = V(a_2) \Leftrightarrow t_1 = t_2.$$

Proposition 7.2.1. *Ainsi définie, $\mathfrak{R}$ est une relation d'équivalence.*

Nous avons le diagramme suivant [Mamache, 2010] :

$$
\begin{array}{ccc}
A & \xrightarrow{\ V\ } & P(T) \\
s \downarrow & & \uparrow i \\
A/\mathfrak{R} & \xrightarrow{\ \overline{V_c}\ } & ImV
\end{array}
$$

$\overline{V}_c(\overline{a}) = V(a) = \{\ t_i\ ;\ a$ vraie en $t_i\}$, $i(t) = \{t\}$ et $s(a) = \overline{a} = \{a' \in A/a'\mathfrak{R}a\}$.

$\overline{a}$ est la classe d'équivalence de a, elle contient tous les éléments qui sont en relation avec a donc toutes les actions qui se réalisent en même temps que a, Imv=$\{V(a),\ a \in A\ \}$ est un sous-ensemble de $P(T)$ et $A/\mathfrak{R}$ est l'ensemble des classes d'équivalence des éléments de A, il contient les 'paquets' d'actions ou sous ensembles d'actions qui se réalisent en même temps autrement dit, les actions qui se produisent en même temps sont regroupées en sous-ensembles de A sous forme de classes appelées classes d'équivalence et chaque classe est représentée par une action, l'élément de temps où se réalise cette action est l'éléments de temps de toutes les autres actions de la classe.

On peut, donc représenter l'ensemble des actions qui se produisent en même temps par la classe d'équivalence d'une des actions qui sera le représentant de la classe, et à cette classe, on associe un seul élément de temps. Ce qui simplifie la représentation temporelle des actions/événements.

- Cas d'une action qui se répète en des éléments de temps différents (processus).

Définition 7.2.6. *Soit T l'ensemble des éléments de temps t.*

On définit sur T une relation $\mathfrak{R}_p$ comme suit :

On dira que que t_1 est en relation avec t_2 si une même action a $(a_1 = a_2 = a)$ se réalise en t_1 et t_2 $(t_1 \neq t_2)$.

$$t_1 \mathfrak{R}_p t_2 \Leftrightarrow a_1 = a_2$$

Proposition 7.2.2. $\mathfrak{R}_p$ *est une relation d'équivalence.*

Nous avons le diagramme suivant [Mamache, 2010] :

$$
\begin{array}{ccc}
T & \xrightarrow{\;f\;} & A \\
s \downarrow & & \uparrow i \\
T/\mathfrak{R}_p & \xrightarrow{\;\bar{f}\;} & Imf
\end{array}
$$

où

$$
\begin{array}{ccc}
f : & T & \to & A \\
& t & \mapsto & a
\end{array}
$$

f associe à tout élément de temps une action de l'ensemble A, $T/\mathfrak{R}_p = \{\bar{t}/t \in T\}$, est l'ensemble des classes d'équivalence . $Imf \subset A$ est l'ensemble des images des éléments de T, ce sont des actions. $\bar{t} = \{t_i \in T/t\mathfrak{R}_p t_i\}$ est la classe d'équivalence de t, il contient tous les éléments de temps où l'action a , qui s'est réalisé en t, s'est reproduite en t_i (processus).

L'ensemble des éléments de temps où une action a s'est reproduite est alors représenté par la classe d'équivalence d'un élément de temps t où a s'est réalisée pour la première fois, t est le représentant de la classe.

Dans ce cas on définit une valuation V_p

Définition 7.2.7.

$$
\begin{array}{ccc}
V_p : A & \to & P(T) \\
a & \mapsto & V_p(a) = \{t_i/\ a\ vraie\ en\ t_i\}
\end{array}
$$

- Cas d'actions compétitives. Soient a et a' deux actions compétitives pour la réalisation d'un événement/effet e. Pour le choix des actions, nous avons plusieurs possibilités.

(i)L'agent est intéressé par la première action exécutée (choix temporel),

(ii) L'agent est intéressé par l'action la plus simple,

(iii) etc...

Définition 7.2.8. *Soit S l'ensemble des actions qui peuvent réaliser un événement e, S est une partie de A. On définit une relation sur S comme suit :*

$\forall\ a' \in S,\ a\ \mathfrak{R}\ a' \Longleftrightarrow a$ est meilleur que a'

Une action a est meilleur élément de S si a est meilleur que toutes les autres actions pour la réalisation d'un certain événement e,

Dans le premier cas, $\forall\ a' \in S$, $a\ \mathfrak{R}\ a'$ exprime le fait que a a été exécuté avant toutes les autres actions de S, donc l'agent est intéressé par l'action a. Dans le second cas, $\forall\ a' \in S$, $a\ \mathfrak{R}\ a'$ exprime le fait que a est l'action simple à exécuter que toutes les autres actions pour la réalisation de e.

La valuation correspondante est définit comme suit :

Définition 7.2.9.
$$V_c: \quad A \quad \rightarrow \quad P(T)$$
$$a \quad \mapsto \quad V_c(a) = \{t_a / a\ vraie\ ent_a\}$$

$V_c(a_1) = \{ta_1\}$ *si a_1 est le meilleur élément de A sinon $V_c(a_1) = \emptyset$.*

On peut généraliser ceci à plusieurs actions $a_1, a_2, \cdots, a_m$.

$V_c(a_i) = \{t_{a_i}\}$ si a_i est le meilleur élément de A sinon $V_c(a_i) = \emptyset$.

7.3   Complétude

L'axiomatique de $\mathcal{L_C}$ est-elle complète pour la classe des cadres temporels K ? Les théorèmes sont-ils des formules valides ?

Théorème 7.3.1. *(validité de $\mathcal{L_C}$) [Mamache, 2011]*

Les théorèmes de $\mathcal{L_C}$ sont des formules valides dans la classe des cadres temporels K.

On montrera que :

(1) Les axiomes de $\mathcal{L_C}$ sont formules valides dans K.

(2) Les règles de deduction préservent la validité d'une formule : si les arguments sont valides, leur résultat est vrai.

Preuve : Les axioms de la logique temporelle $\mathcal{L_C}$ sont :

(i) Les Axiomes de la logique propositionnelle .

(ii) (a) $F_k(A \supset_c B) = (F_kA) \supset_{(} c) (F_kB)$ où $F_k(A \supset_c B)$ est l'événement/effet qui n'aura lieu dans le futur que si $A \supset_c B$ est réalisé, $(A \supset_c B$ est du à m actions a_1, a_2, $\cdots$, a_m).

(b) $P_k(A \supset_c B) = (P_kA) \supset_c (P_kB)$ où P_kA est événement/pré-condition qui a eu lieu dans le passé et a donné lieu à $(A \supset_c B)$

(c) $P_0(A \supset_c B) = (P_0A) \supset_c (P_0B)$.

Montrons que l'axiome (a) est valide dans K. Supposons qu'il existe un cadre temporel (T, R_c) et une valuation V_c tels que la formule $F_k(A \supset_c B) = (F_kA) \supset_c (F_kB)$ est fausse en $_kt \in T$, alors la formule $F_k(A \supset B)$ est vraie en t_k et la formule $(F_k(A) \supset_c F_k(B))$ qui exprime que $F_k(A)$ est la cause de $F_k(B)$, est fausse en t_k. Par suite $F_k(A)$ vraie et $F_k(B)$ fausse en t_k.

Mais si $F_k(B)$ fausse en $_kt$ alors B fasse en $_0t$, contradiction, car si $F_k(A)$ vraie en $_kt$ donc A vraie en $_0t$, mais A est la cause de B en t_0 donc si A vraie en $_0t$, B est vraie en $_0t$. Il en résulte que $F_k(A)$ vraie et $F_k(B)$ vraie en $_kt$, contradiction.

Il résulte qu'il n'existe pas de modèle où l'axiome (a) est faux. Par conséquent, cet axiome est valide dans tout cadre temporel de K.

Montrons que l'axiome (b) est valide dans K. Supposons qu'il existe un cadre temporel (T, R_c) et une valuation V_c tels que la formule $P_k(A \supset_c B) = (P_kA) \supset_c (P_kB)$ soit fausse en $_kt \in T$, alors la formule $P_k(A \supset B)$ est vraie en t_k et la formule $(P_k(A) \supset_c P_k(B))$ qui exprime que $P_k(A)$ est la cause de $P_k(B)$, est fausse en t_k. Par suite $P_k(A)$ vraie et $P_k(B)$ fausse en t_k.

Mais si $P_k(B)$ fausse en $_kt$ alors B sera faux en $_0t$, contradiction, car si $P_k(A)$ vraie en $_kt$ donc A vraie en $_0t$, mais A est la cause de B en t_0 donc si A vraie en $_0t$, B est vraie en $_0t$. Il en résulte que $P_k(A)$ vraie et $P_k(B)$ vraie en $_kt$, contradiction.

Il résulte qu'il n'existe pas de modèle où l'axiome (b) est faux. Par conséquent, cet axiome est valide dans tout cadre temporel de K.

Les règles de deduction de $\mathcal{L}_\mathcal{C}$ sont :

(i) Le modus ponens

(ii) La généralisation temporelle : si A est un théorème, il en est même es formules $F_k(A)$, $P_k(A)$ et $P_0(A)$.

Si A est un théorème, donc une formule valide , alors $V(A) = T$

- $V_c(F_k(A)) = \{_kt \ / \ F_k(A)$ vraie en $_kt$, $t_i \ R_c \ t_0 \ R_c \ _kt$ and $_0t \equiv t_1 \oplus \cdots \oplus t_m\}$.

Comme $F_k(A)$ est un événement du à A alors si A est vraie, $F_k(A)$ est vraie.

Si $V_c(A) = T$ alors, $V_c(F_k(A)) = T$, donc $F_k(A)$ valide.

- $V_c(P_k(A)) = \{^kt \ / \ P_k(A)$ vrai en ^kt, $^kt \ R_c \ _Ot \ R_c \ t_i$ and $_0t \equiv t_1 \oplus \cdots \oplus t_m\}$.

$P_k(A)$ a donné lieu à A. Comme $V_c(A) = T$ alors $V_c(Pk(A)) = T$, et donc $P_k(A)$ est valide.

7.4   Conclusion

Dans ce chapitre, nous avons introduit un formalisme pour représenter les relations causales et temporelles entre les actions et leurs effets ainsi que les relations causales et temporelles entre les actions et les événements. Nous avons utilisé les classes d'équivalence pour représenter le temps d'un processus et le temps des actions compétitives Nous avons défini des opérateurs qui permettent d'énumérer :

- tous les événements/effets qui se produiront dans le futurs causés par un événement/action (ramification/prédiction)et,

-tous les événements/pré-conditions qui se sont produits dans le passé et qui ont donné lieu à un événement/action.

Ces opérateurs permettent la representation de certains types de raisonnement tels

118

que la prediction, l'explication la planification.

Chapitre 8

Conclusion générale

Dans cette thèse, nous avons fait une étude sur les différentes approches du raisonnement sur les actions ainsi que leurs limitations. Nous avons ensuite proposé un formalisme pour raisonner sur les actions/événements. L'apport principal de ce travail est la simplification de la représentation des relations causales et temporelles entre les actions et leurs effets ainsi que les relations causales et temporelles entre actions et événements.

Certaines notions fondamentales surgissent dans les formalismes d'action existants, telles que la causalité et le temps, elles sont difficiles à exprimer dans un langage du premier ordre. Nous proposons un formalisme logique basé sur un langage du premier ordre auquel nous rajoutons des opérateurs.

-L'opérateur F_k qui permet d'énumérer tous les événements qui se produiront dans le futur et dont un événement est la cause. Cet opérateur permet de représenter des futurs multiples.

- L'opérateur P_k qui permet d'énumérer tous les événements qui se sont déroulés dans le passé et qui ont donné lieu à un événement. L'opérateur P_k permet de représenter des passés multiples.

De plus, ces opérateurs permettent de décrire les pré-conditions et les effets d'une actions. Ils nous donnent la possibilité de représenter l'évolution de l'univers pour des futurs variés (prédiction), comme ils permettent la représentation des types de raisonnements qui sont la prédiction, l'explication et la planification.

Nous avons utilisé les classes d'équivalence pour représenter le temps d'exécution d'un processus et le temps d'exécution d'actions compétitives

Nous avons définit la valuation dans les cas suivants :

- Cas des actions qui se produisent en même temps. L'ensemble des actions qui se produisent en même temps est représenté par la classe d'équivalence d'une des actions qui sera le représentant de la classe ;

- Dans le cas d'une action qui se répète en des éléments de temps différents (processus), l'ensemble des éléments de temps où une action a s'est reproduite est représenté par la classe d'équivalence d'un élément de temps t où l'action a a été exécutée pour la première fois, t est le représentant de la classe.

- Dans le cas d'actions compétitives. Pour le choix des actions, nous avons plusieurs possibilités :

(i)L'agent est intéressé par la première action réalisée (choix temporel),

(ii) L'agent est intéressé par l'action la plus simple,

(iii) etc...

Perspectives

Bien que ce travail soit situé dans l'axe de l'étude théorique du raisonnement de la connaissance, on peut espérer que cette étude servira de base sur laquelle des théories d'action peuvent être établies. Il peut être prolongé dans plusieurs directions.

• Une piste qui nous paraît très importante consiste à représenter les relations temporelles des causes d'un événements dans le cas où ces causes sont des actions/événements complexes. Nous envisageons une représentation matricielle pour enrichir notre formalisme.

• Dans le cadre de l'intégration des logiques de description dans le formalisme d'action, nous envisageons l'intégration de l'extension de la logique de description que nous avons proposé $\mathcal{ALCC}$ dans notre formalisme temporel.

• L'Extraction d'Information (EI) est un sujet de recherche important dans le domaine du Traitement Automatique des Langues Naturelles. L'analyse des entités nommées (EN) se focalise généralement sur les notions classiques de lieu, organisation, personne ou date. Les événements sont rarement considérés, et dire qu'ils ont une grande importance pour les applications habituelles comme la recherche d'information.Notre formalisme peut être utilisé pour développer un système d'extraction de l'information de type événement.

• Une autre voie d'étude serait l'exploitation de la temporalité dans l'extraction d'informations biographiques.Les repères temporels des informations biographiques permettent de replacer un fait dans son contexte et de l'ordonner par rapport à d'autres événements ce qui peut être fait en utilisant les opérateurs F_k et P_k. L'objectif serait de définir une problématique des expressions temporelles dans les textes en langage naturel et d'étudier les moyens disponibles pour le repérage des entités temporelles et des événements ainsi que les relations entre ces éléments. Un formalisme pourrait être développé pour le stockage des événements et des informations temporelles sous une forme structurée adéquate, et cela conserve la richesse de la langue naturelle tout en autorisant une exploitation efficace des données. Une bonne exploitation de notre approche permettra certainement d'obtenir une solution fonctionnelle et satisfaisante aux problèmes rencontrés dans le cadre de l'extraction et de la gestion de l'information.

• Dans les applications médicales, notre formalisme peut être utilisé pour décrire des états du monde, tel que les données des patients. Dans ce contexte, les actions peuvent être utilisées pour représenter les étapes diagnostiques et thérapeutiques prises pendant le traitement du patient.

• Plusieurs travaux expérimentaux permettront certainement d'enrichir ce travail en particulier, comme implémenter une interface pour représenter des expressions de type actions temporelles et événements temporels basées sur le formalisme proposé.Ce travail permettrait de décrire plusieurs applications et de les comparer avec d'autre formalismes appliqués.

Bibliographie

[Allen,1984]   J. F. Allen, *Towards a general theory of action and time*, AI, 23 :123-154, 1984.

[Allen 1983]   J. F. Allen, *Maintaining knowledge about temporal intervals*, Communications of the ACM, 26 : 832-843, 1983.

[Allen, Ferguson 1994] J. F. Allen and G. Ferguson, *Actions and Events in Interval Temporal Logic, J. Logic and Computation* ,4, 5, 1994. Selected Publications on Plan Reasoning ...

[Allen, Hayes 1985]   J. F. Allen and P. J. Hayes,85, *A common-sense theory of time*, In 9th International Joint Conference on Artificial Intelligence, pages 528-531,Los Angeles, 1985. IJCAI.

[Artale, Franconi 1998] A. Artale and E. Franconi, *A Temporal Description Logic for Reasoning about Actions and Plans*, Journal of Artificial Intelligence Research (JAIR), 9 :463-506, 1998.

[Auffrey et al 1990]   Y. Auffrey, P. Eenjalbert and J-J. Hebrand., *Strategie for modal resolution. Results and Problems*,Journal of Automated Reasoning, 6 : 1-38, 1990.

[Bacchus et al. 1991] F. Bacchus, J. Tenenberg, and J. Koomen, *A non-reified temporal logic*, Artificial Intelligence, 52 :87-108, 1991.

[Baader et al 2005]   F. Baader, C. Lutz, M. Milicic, U. Sattler, and F. Wolter, "Integrating description logics and action formalisms : First results",

	In Proceedings of the Twentieth National Conference on Artificial Intelligence (AAAI-05),Pittsburgh, PA, USA,(2005).
[Baader, al 2003]	F. Baader, D. Calvanese, D. Mcguinness, D. Nardi Et P. Patel Schneider, *The description logic handbook*, Cambridge (UK) : Cambridge university press, 2003.
[Bestougeff, Ligozat 1989]	H. Bestougeff and G. Ligozat, *Outils logiques pour le traitement du temps*, études et recherches en informatique. Masson, Paris, 1989.
[Boman, 1999]	M. Boman, *Norms in Artificial Decision-Making*, Artificial Intelligence and Law, 7 (1) : 17-35, 1999.
[Bourbaki 1971]	N. Bourbaki, *Théorie des ensembles, Eléments de Mathématiques*, Hermann, Paris, (1971).
[Brachman, Schmolze, 91]	R.J. Brachman et J.G. Schmolze, *Living with Classic : When and how to use a KL-ONE like language* PIn J. F. SOWA, Edition., Principles of semantic networks, chapter 14, 401-456 (1991).
[Brachman, Schmolze, 85]	R.J. Brachman et J.G. Schmolze, *An overview of the KL-ONE knowledge representation System*, Cognitive Science ,9, 171-216(1985).
[Brewka et al 1997]	G. Brewka, *A model for temporal references and its application in a question answering program*, Artificial Intelligence, 4 :1-25, 1972.
[Bruce 1972]	B. Bruce, *A model for temporal references and its application in a question answering program*, Artificial Intelligence, 4 :1-25, 1972.

[Davidson 1988] D. Davidson , *The logical form of action sentences*, In. N Rescher editor. The Logic of Decision and Action. University of Pittsberg Press,1967.

[Dean, McDermott 1987] T. Dean et D. McDermott , *Temporal data bases managment*, Artificial Intelligence, 32 :1987, 1987.

[Delgrande 1988] J.P. Delgrande , *An approch to Default Reasonning Based on a First-Order Conditional Logic*, Artificial Intelligence, 36(1) :63-90, 1988.

[Devanbu et Litman 1996] P.T.Devanbu et D.J.Litman, *Taxonomic Plan Reasoning*. Artificial Intelligence, 84(1-2) :1-35, 1996.

[Dignum, Kinny, Sonenberg. 2002] F.Dignum, D.Kinny, L.Sonenberg, *From Desires, Obligations and Norms to Goals*, Cognitive Science Quarterly, 2(3-4) : 405-427, 2002.

[Eenjalbert, Farinas Del Cerro 1986] P. Eenjalbert et L. Farinas Del Cerro, *Modal resolution in clausal form*, Theoretical Computer Science, 65 :1-33, 1986.

[Ehrmann, 2008] M. Ehrmann,*Les Entités Nommées, de la linguistique au Tal : Statut théorique et méthodes de désambiguïsation*, PH D. thesis, Université de Paris, (2008).

[Even, 2005] F. Even, *Extraction d'Information et modélisation de connaissances à partir de Notes de Communication Orale*, PH D. thesis, Université de Nantes, (2005).

[Farinas Del Cerro 1985] L. Farinas Del Cerro, *Resolution modal logics*, In Logics and Models for Concurrent Programs, pages 27-56. Springer Verlag, 1985.

[Franconi] E. Franconi :Description Logics(http ://www.cs.man.ac.uk/ðfranconi).

[Fisher 1991]	M. Fisher, *A resolution method for temp oral logics*, In Proc. IJCAI'91, pages 99-104, 1991.
[Gabbay 1987]	D. Gabbay, *Modal and temporal logic programming*, In A. Galton, editor, Temporal Logics and their Applications, pages 197-236. Academic Press, 1987.
[Galton 1987]	A. Galton, *Temporal Logics and their Applications*, Academic Press, 1987.
[Giacomo et al 1996]	G. D. Giacomo, L. Iocchi, D. Nardi, et R. Rosati, *Moving a Robot : the KR and R Approach at Work*, In Proceedings of the Fifth International Conference on Knowledge Representation and Reasoning (KR-96), 198-209, 1996.
[Giacomo et al 1996]	G. D. Giacomo, L. Iocchi, D. Nardi, et R. Rosati, *Planning with Sensing for a Mobile Robot*, In Preprints of the Fourth European Conference on Planning, 156-168, 1997.
[Ginsberg 1986]	M. L. Ginsberg, *Multi-valued logics*, In 5th National Conference on Artificial Intelligence, pages 243-247, Philadelphie, PA, aug 1986. AAAI, Morgan-Kaufmann.
[Ginsberg 1985]	M. L. Ginsberg, *Counterfactuals*, In 9th International Joint Conference on Artificial Intelligence, pages 80-86, Yale University, Los Angeles, 1985. IJCAI.
[Ginsberg, Smith 1988]	M. L. Ginsberg , D.E. Smith, *Reasoning about action II : the qualification problem*, Artificial Intelligence, 35(3) : 311-342, 1988.
[Giunchiglia et al 2004]	E. Giunchiglia, J. Lee, V. Lifschitz, N. Mccain and H. Turner, *Nonmonotonic causal theories*, Artificial Intelligence, 153(1-2) : 49-104, 2004
[Gu, Soutchanski 2007]	Y. Gu and M. Soutchanski, *Decidable Reasoning in a Modified Situation Calculus*, In Proceedings of the 20th International

Joint Conference on Artificial Intelligence (IJCAI 2007), 1891-1897. Hyderabad, India, 2007.

[Halpern, Shoham 1986] J. Y. Halpern and Y. Shoham, *A propositional modal logic of time intervals*, In Symp. on Logic in Computer Science, pages 279-292, 1986.

[Hanks, McDermott 1987] S.Hanks et D. McDermott , *Non monotonic logic and temporal projection*, Artificial Intelligence, 33 :379-412, 1987.

[Haugh 1987] B. A. Haugh, *Non-standard semantics for the method of temporal arguments*, In Proc. IJCAI'87, pages 449-454, 1987.

[Heinsohn et al 1992] J. Heinsohn, D. Kudenko, B. Nebel, and H.-J. Profitlich. RAT :*Representation of Actions using Terminological Logics*,Technical report, DFKI, 1992.

[Jackson & al 1989] P. Jackson, H. Reichgelt, and F. van Harmelen, *Logic-Based Knowledge Representation*, MIT press, 1989.

[Kahn, Gorry 1977] K. Kahn and G. Gorry, *Mechanizing temporal knowledge*,

[Kayser, Mokhtari 1998] D. Kayser, A. Mokhtari, *Time in a Causal Theory*, Annals of Mathematics and Artificial Intelligence. 22(1-2) : 117-138. 1998.

[Kayser, Nouioua 2005] D. Kayser, F. Nouioua, *About Norms and Causes*, International Journal on Artificial Intelligence Tools. Special Issue on FLAIRS 2004, 14(1-2) : 7-23, 2005

[Kayser, Nouioua 2004] D. Kayser, F. Nouioua, *Representing Knowledge about Norms*, In Proceedings of the 16th European Conference on Artificial Intelligence (ECAI'04), pp. 363-367, 2004.

[Kayser, Levy 2004] D. Kayser, F. Levy, *Modélisations symboliques du raisonnement causal*, Intellectica, 38(1) : 139-185, 2004.

[Kistler 2004] M. Kistler, *La causalité dans la philosophie contemporaine*, Intellectica, 38(1) :139-185, 2004.

[Kistler 1999]   M. Kistler, *Causalité et lois de la nature*, Vrin, coll.Mathesis, 1999.

[Kleene 1971]   S. C. Kleene , *Logique Mathématique*, Collection U, 1971.

[Knight et al 1998]   B. Knight, J.My, T. Peng, "Reasoning about Changes over Time : Actions, Events, and their Effects", *Proc. Formalization of Commonsense Reasoning*, (1998), pp.183-197.

[B. Knight 1997]   B. Knight, J.My, T. Peng, "Representing Temporal Relationships Between Events and Their Effects", *Proceedings of the International Fourth Temporal Workshop one Representation and Reasoning, IEEE Computer Society Press*, (1997), pp.148-152.

[Kowalski, Sergot 1986]   R. Kowalsky et M. Sergot, *A logical-based calculus of events*, . New Generation, 3, 1986.

[Kripke 1971]   S. A. Kripke, *Semantical considerations on modal logic*, chapter Semantical considerations on modal logic, pages 63-72. In Linsky [163], 1971.

[Kripke 1963]   S. A. Kripke, *Semantical considerations on modal logic*, Acta Philosophica Fennica, 16 :83-94, 1963.

[Ladkin 1987]   P. Ladkin, *Models of axioms for time intervals*, In Proc AAAI'87, 234-239, 1987.

[Levesque et al 1997]   H. J. Levesque, R. Reiter, L. Lesperance, F. Lin, and R. B. Scherl, *golog : a Logic Programming Language for Dynamic Domains*, Journal of Logic Programming, 31(1-3) :59-83, 1997.

[Levesque et al 1998]   H. J. Levesque, F. Pirri, R. Reiter, *Foundations for the Situation Calculus*, Computer and Information Science, Vol.3, 1998 : nr 18.

[Lewis 1973]   D. Lewis, *Causation*, Journal of Philosophy, 70 :556-567, 1973.

[Lifschitz]   V. Lifschitz, *Formal theory of actions* , . (Preleminary report) In Proc. IJCAI'87 : 966-972, 1987.

[Liu 2010]   H. Liu, *Computing Updates in Description Logics*, PH D. thesis, Dresden University of Technology, Germany, (2010).

[Liu et al 2006]   H. Liu, C. Lutz, M.Milicic et F.Wolter *Updating Description Logic ABoxes*, In Proceedings of the 10th International Conference on Principles of Knowledge Representation and Reasoning (KR2006), 46-56. AAAI Press, 2006.

[Mamache 2010]   F. Mamache, *Events, Actions and Temporal logic*, International Journal of Open Problems in Computer Science and Mathematics, Vol. 3, No.3,(2010).

[Mamache 2011]   F. Mamache, *A Temporal logic for Raisoning about Actions* (à paraître),International Journal of Open Problems in Computer Science and Mathematics, Vol.4, No.1,(2011).

[McCarthy, Hayes 1969] J. Mccarthy and P. Hayes, *Some philosophical problems from the standpoint of AI*, Machine Intelligence, 4, 1969.

[McCarthy 1957]   J. Mccarthy, *Situations, actions and causal laws (AI-memo 1)*, Artificial Intelligence Project, Stanford University, Stanford, CA, 1957.

[McDermott 1985]   D. V. Mcdermott, *Reasoning About Plans*, In Hobbs & Moore (Eds.), Formal Theories of the Commonsense World, Ablex Series in Artificial Intelligence, pp. 269-317, 1985.

[McDermott 1982]   D.V. Mcdermott, *Non monotonic logic II : Non monotonic model theories*, ACM, 29(1) : 34-57, 1982.

[McdDermott 1982]   D.V. Mcdermott, *A Temporal Logic for Reasoning about Processes and Plans*, Cognitive Science, 6 : 101-155, 1982.

[McDermott, Doyle 1980] D.V. Mcdermott et J. Doyle, *Non monotonic logic I*, Artificial Intelligence, 13(1-2) : 41-72, 1980.

[McNamara, Prakken. 1999] P.McNamara, H.Prakken, *Norms, Logics and Information Systems*, New Studies in Deontic Logic and Computer Science, Vol.49, Frontiers in Artificial Intelligence and Applications, IOS Press, 1999..

[Minsky, 1974] M. Minsky , *A Framework for Representing Knowledge*, A.I.Memo, 306, M.I.T.(reprinted in P.H. Winston (Ed). 1975. The Psychology of Computer Vision, pp.211-277, McGraw Hill), 1975.

[Mokhtari 1994] A. Mokhtari, *Norme et action pour une représentation de la causalité*, Congrès RFIA, 553-562, 1994.

[Milicic 2008] M. Milicic, *Action, Time and Space in Description Logics*, Ph. D. thesis, Technische Universita"t Dresden, p. 13, 20, 108, 115, 2008.

[Napoli, 1997] A. Napoli *Une brève introduction aux logiques de descriptions* Rapport de Recherche RR-3314, INRIA, (1997).

[Nardi, Brachman 2003] D. Nardi et R. J. Brachman, *An introduction to description logics*, Dans F. Baader, D. Calvanese, D. McGuinness, D. Nardi et P. Patel-Schneider (éditeurs), The Description Logic Handbook : Theory, Implementation and Applications. Cambridge University Press, pp.544, 2003.

[Pinto 1994] A. Pinto, *Temporal reasoning in the situtin calculus*, PH D. thesis, Computer Science, University of Toronto, (1994).

[Pearl 2000] J. Pearl, *Causality. Models, reasoning, and inference*, Cambridge University Press, 2000.

[Prior 1988] A. Prior, *Diodoram modalities*, Philosophical Quaterly, 5 :205213, 1955. pages 165-188. Cambridge Tracts in Theoretical Computer Science, 1988.

[Rao 1989]   A.S. Rao, *Dynamics of belief systems : A philosophical, logical and ai perspective*, technical note 2, Australian Artificial Intelligence Institute, 1989.

[Reichgelt 1989]   H. Reichgelt, *A comparison of first-order and modal logics of time*, In P. Jackson, H. Reichgelt, and F. van Harmelen, editors, In Logic-based Knowledge Representation, pages 143-176. The MIT press, 1989.

[Reiter 2001]   R. Reiter, *Knowledge in Action*. MIT Press, 2001.

[Reiter 1980]   R. Reiter, *A logic for default reasoning*, Artificial Intelligence, 13 :81-132, 1980.

[Reiter, Criscuolo 1981] R. Reiter and G. Criscuolo, *On interacting defaults*, In 7th International Conference on Artificial Intelligence. IJCAI, 1981.

[Russel 1913]   B. Russel, *On the notion of cause*, Journal of the Aristotelian, 13 :1-26, 1913.

[Schank, Abelson 1977] R.C. Schank, R.P.Abelson, *Scripts, Plans, Goals and Understanding*. Lawrence Erlbaum Ass, 1977.

[Schmolze, Lipkis 1983] J.G. Schmolze, T.A Lipkis, *Classification in the KL-ONE Knowledge Representation System*. In Proceedings of the 8th. IJCAI, Karlsruhe, Germany, 1983.

[Shanahan 1990]   M. Shanahan, *Representing continius change in the event calculus*, In Proc ECAI'90 , 508- 603, 1990.

[Shoham 1988]   Y. Shoham, *Reasoning about Change : Time and Causation from the Standpoint of Artificial Intelligence*, Cambridge University Press, Cambridge, 1988.

[Sosa, Tooley 1993] E. Sosa et M. Tooley, *Causation*, Ernest Sosa and Michael, 1993.

[Strass,2009]   H. Strass, "On Defaults in Action Theories", *In Proceedings of the 32nd German Annual Conference on Artificial Intelligence*

131

(KI'09), Paderborn, Germany, Springer-Verlag Berlin Heidelberg , (2009), pp.298-305.

[Tessier-Badie 1988]   C. Tessier-Badie, *Contribution à l'étude des Problèmes d'Affectation de Ressources et d'Ordonnancement : application au domaine spatial*, PhD thesis, Ecole Nationale Supérieure de l'Aéronautique et de l'Espace, Toulouse, France, décembre 1988.

[Thayse & al 1990]   A. Thayse and al, *Approche logique de l'intelligence artificielle*, volume 1 of Informatique. Dunod, 1990.

[Thielscher 2005]   M. Thielscher, *FLUX : A logic programming method for reasoning agents*, TPLP, 5(4-5) :533-565, 2005.

[Thielscher 1997]   M. Thielscher, *Ramification and causality*, Artificial Intelligence, 89(1-2) : 317- Tooley (Eds), Oxford Reading In Phylosophy, Oxford University Press.364, 1997.

[Tsarkov, Horrocks 2003] D. Tsarkov et I. Horrocks, *DL reasoner vs. first-order prover*,

[Van Benthem 1977]   J.F.A.K. Van Benthem, *Tense logic and standard logic*, Logique et Analyse, 80 :395-437, 1977.

[Vila, Reichgelt 1993] L. Vila and H. Reichgelt, *The token reification approach to temporal reasoning*, Technical Report 93-1, Dept. of Computer Science, UWI, 1993.

[Vilain, Kautz 1986]   M. Vilain et H. Kautz, *Contraint propagation algorithms for temporal raisoning*, AAAI'86, 377- 382, 1986.

[Walther 1987]   C. Walther, *A many-sorted calculus based on resolution and paramolulation*, In Research Notes in Artificial Intelligence. Pitman, 1987. Dans Proc. of the 2003 Description Logic Workshop (DL 2003) volume. pp. 152-159, 2003. Artificial Intelligence, 9 :87-108, 1977.

[Woods, Schmolze 1992] W.A. Woods, J.G. Schmolze *The KL-ONE family Computers*, Mathematics with Applications, 23(25) :133-177,(1992).

Annexe A

Relation d'équivalence- Relation d'ordre

A.1 Relation binaire

Un prédicat est un énoncé contenant des variables. Lorsqu'on remplace ces variables par des objets appartenant à un certain référentiel, on obtient une assertion.

Exemple A.1.1. : *"x est la soeur de y" est un prédicat. Si x prend la valeur Lyna et y la valeur Radia, on obtient l'assertion : "Lyna est la soeur de Radia".*

C'est une assertion qui peut être vraie ou fausse. Un prédicat à deux variables est appelé relation binaire. Le prédicat " x est la soeur de y " est donc une relation binaire. On définira une relation binaire sur un ensemble comme suit :

Définition A.1.1. *Soient A et B deux ensembles. Une relation binaire de A vers B est une partie $\mathfrak{R}$ de $A \times B$. Si $(x ; y) \in \mathfrak{R}$ alors on dit que x est en relation avec y, on note $x \mathfrak{R} y$. Dans le cas ou $A = B$ on dit que $\mathfrak{R}$ est définie sur A.*

Le symbole $\mathfrak{R}$ n'est rien d'autre que l'énoncé caractérisant la relation (dans notre exemple : " est la soeur de ").

Définition A.1.2. *. Une relation binaire $\mathfrak{R}$ définie sur un ensemble A est dite :*

- réflexive si et seulement si : $\forall\ a \in A$, $a\ \Re\ a$,

- irréflexive si et seulement si : $\forall\ a \in A$, $\neg\ (a\ \Re\ a)$,

- symétrique si et seulement si : $\forall (a,\ a') \in E^2\ a\ \mathcal{R}\ a' \Longrightarrow a'\ \Re\ a$

- asymétrique si et seulement si : $\forall\ (a, a') \in E^2\ a\ \Re\ a' \Longrightarrow \neg(a'\ \mathcal{R}\ a)$

- antisymétrique si et seulement si : $\forall (a,\ a') \in E^2\ (\ a\ \mathcal{R}\ a'\ et\ a'\ \Re\ a) \Longrightarrow a = a'$

- transitive si et seulement si : $\forall (a,\ a',\ a'') \in E^3\ (\ a\ \mathcal{R}\ a'\ et\ a'\ \Re\ a'') \Longrightarrow a\ \Re\ a''$.

La théorie des choix est fondée sur la relation binaire dite de préférence. $a\ \Re\ a'$ signifie que a est au moins aussi apprécié que a'.

Définition A.1.3. *(Meilleur élément). Soit $\Re$ une relation binaire définie sur un ensemble A et S une partie non vide de A. Un élément a de S est dit meilleur élément de S pour la relation binaire $\Re$ si et seulement si $\forall\ a' \in S\ a\ \Re\ a'$.*

Définition A.1.4. *L'ensemble des meilleurs éléments de S pour la relation binaire $\Re$ est appelé ensemble de choix de S. On le note $C(S, \Re)$.*

A.2   Relation d'équivalence- Classes d'équivalence

La notion de relation d'équivalence sur un ensemble permet de mettre en relation des éléments qui sont similaires par une certaine propriété.Elle permet de regrouper des éléments "équivalents" dans une même classe et ainsi de les réunir et de les traiter comme un seul, définissant ainsi la notion de classe d'équivalence.

Définition A.2.1. *Soit $\Re$ une relation binaire définie sur un ensemble A. On dira que $\Re$ est une relation d'équivalence si elle est reflexive, symétrique et transitive.*

Définition A.2.2. *Soit A un ensemble muni d'une relation d'équivalence $\Re$. Soit aussi a un élément de A. On appellera classe d'équivalence de a suivant la relation $\Re$ l'ensemble $\{\ a' \in A\ ;\ a'\ \Re\ a\}$. Un élément a d'une classe d'équivalence sera appelé un représentant de la classe d'équivalence.*

La classe d'équivalence d'un élément a de A n'est jamais vide, elle contient au moins a.

Proposition A.2.1. *Si deux éléments a et a' de A sont dans la même classe alors leurs classes d'équivalence sont identiques*

Définition A.2.3. *On appelle ensemble quotient de l'ensemble A pour la relation d'équivalence $\mathfrak{R}$ l'ensemble des classes d'équivalence de la relation $\mathfrak{R}$. On note cet ensemble $A/\mathfrak{R}$ Il existe une surjection canonique s de A dans l'ensemble quotient $A/\mathfrak{R}$ qui à chaque élément de A associe sa classe d'équivalence . Cela définit une application :*

$$s : A \;\rightarrow\; A/\mathfrak{R}$$
$$a \;\mapsto\; s(a) = \overline{a} = \{a'/a'\mathfrak{R}a\}$$

Théorème A.2.2. *Soit A un ensemble muni d'une relation d'équivalence et*

$s : A \longrightarrow A/\mathfrak{R}$ la surjection canonique. Soit $f : A \longrightarrow T$ une application. Si pour tout couple $(a, a') \in A^2$ tel que $a \;\mathfrak{R}\; a'$ on $f(a) = f(a')$, alors il existe une unique application $g : A/\mathfrak{R} \longrightarrow T$ tel que $f = g \; o \; s$.

nous avons le diagramme commutatif suivant :

$$
\begin{array}{ccc}
A & \xrightarrow{\;f\;} & T \\
s \downarrow & & \uparrow i \\
A/R & \xrightarrow{\;\overline{f}\;} & f(A)
\end{array}
$$

A.3   Relation d'ordre

Définition A.3.1. *Une relation binaire $\mathfrak{R}$ définie sur un ensemble A est une relation d'ordre si elle est réflexive, transitive et antisymétrique.*

Définition A.3.2. *Soit $(x, y) \in A^2$, x et y sont dits comparables si $x \,\mathfrak{R}\, y$ ou $y \,\mathfrak{R}\, x$. Si tous les éléments de A sont comparables, l'ordre est dit total. Sinon, l'ordre est dit partiel.*

Définition A.3.3. *Une relation binaire $\mathfrak{R}$ définie sur un ensemble A est une relation d'ordre strict si elle est transitive et asymétrique.*

www.ingramcontent.com/pod-product-compliance
Lightning Source LLC
Chambersburg PA
CBHW021105210326
41598CB00016B/1341